BLODEUWEDD

Drama Mewn Pedair Act

Saunders Lewis

Gwasg Gee

Argraffiad Cyntaf 1948
Chweched Argraffiad 2017
ISBN: 978-1-904554-21-9

Cydnabyddir cefnogaeth ariannol Cyngor Llyfrau Cymru

Diolch i Theatr Genedlaethol Cymru am yr hawl i ddefnyddio
llun o'u cynhyrchiad *Blodeuwedd*, Gorffennaf 2013.
Ffotograffydd – Geraint Thomas, Panorama
Blodeuwedd – Morfydd Clark

Cyhoeddwyd gan Wasg Gee (Cyhoeddwyr) Cyf., Bethesda

RHAGAIR

O holl chwedlau'r Cymry, y chwedl am y ferch a wnaed o flodau o Bedwaredd Gainc y Mabinogi, mae'n siŵr gen i, yw'r un sydd wedi cydio fwyaf yn ein dychymyg ar hyd y canrifoedd, a'r enwocaf efallai o'r herwydd. Mae ynddi bopeth, o wyddon-ddewin yn creu ffigwr dynol o gig a gwaed y mae'n methu â'i reoli maes o law, i frad y wraig odinebus sy'n cynorthwyo'i chariad i lofruddio'i gŵr. Dewiniaeth, cariad, godineb, twyll, llofruddiaeth, cosb, dial, ac yn y blaen; cynhwysion dramatig pur amheuthun. Fawr ryfedd felly i brif ddramodydd Cymraeg yr ugeinfed ganrif, a'r bardd a'r gwleidydd unigryw, Saunders Lewis, gerfio o'r deunydd crai hwn chwip o ddrama fydryddol, sy'n codi'r Gymraeg i dir uchel yn llenyddiaeth y byd. Yn unol efallai â'i amcan neu ei uchelgais llenyddol a gwleidyddol, er bod tair canrif a chwarter yn eu gwahanu, ac er na fu iddo greu cynifer o gampweithiau theatraidd, fel y bu i William Shakespeare gyfoethogi cymaint ar y traddodiad Saesneg, mae Saunders Lewis yntau gyda'i ddramâu – a *Blodeuwedd* efallai yr em ddisgleiriaf yn eu plith – yn rhoi i'n traddodiad Cymraeg gampweithiau y medrwn ymfalchïo ynddynt fel cenedl a pharhau i'w llwyfannu am genedlaethau i ddod.

Pan euthum ati i lwyfannu *Blodeuwedd* mewn cynhyrchiad ar gyfer Theatr Genedlaethol Cymru yn 2013, un o'r cwestiynau cyntaf a mwyaf sylfaenol yr oedd rhaid ei ateb oedd, 'Ym mha gyfnod y dylid gosod y cynhyrchiad – o ran ei ddyluniad, hynny yw?' I ateb y cwestiwn hwnnw, fel arfer, bydd cyfarwyddwr yn ystyried, wrth reswm, os yw'r ddrama dan sylw yn seiliedig ar ddigwyddiad hanesyddol, 'Ym mha gyfnod y digwyddodd yr hanes?' Gyda drama sy'n seiliedig ar chwedl, y mae'n gwestiwn ychydig mwy dyrys, oherwydd nid yw chwedl yn perthyn i gyfnod penodol yn yr un modd; hynny yw, mae chwedl wedi teithio tuag atom ar lafar i ddechrau, ar hyd canrifoedd lawer, ac wedi ei newid ryw gymaint, fe ellid dyfalu, gan bob un a'i llefarodd, hyd nes iddi gael ei chofnodi gyntaf mewn llawysgrif. Fe ellid dadlau, efallai, bod chwedl Blodeuwedd yn deillio o'r bedwaredd ganrif ar ddeg, gan mai dyna pryd yr ymddangosodd am y tro cyntaf mewn llawysgrif (sef Llyfr Gwyn Rhydderch, *c.*1350). Ond mae ein hysgolheigion yn mynnu fod straeon y Mabinogi yn dyddio o gyfnod llawer iawn cynharach – o'r ddeuddegfed ganrif o leiaf, neu hyd yn oed cyn hynny; mae olion yn straeon y Mabinogi o fythau a hen grefydd y Celtiaid. Er mwyn gosod rhyw fath o ddyddiad neu gyfnod ar ddyluniad cynhyrchiad theatr o *Blodeuwedd*, felly, er mwyn bod yn driw i gyfnod tarddiad y stori, y gorau y gall rhywun ei wneud yw dewis rhyw gyfnod canoloesol cyffredinol.

Ond wedyn, fel y mae'r dramâu hynny o waith Shakespeare sydd wedi eu seilio ar ddigwyddiadau hanesyddol yn adlewyrchu cyfnod eu hysgrifennu, felly hefyd y mae drama fawr Saunders Lewis yn dadlennu mwy inni am foesau, gwleidyddiaeth a meddylfryd cyfnod ei hysgrifennu nag, efallai, am gyfnod canoloesol neu gynoesol ei tharddiad.

Felly, fel y mae dramâu Shakespeare yn aml yn cael eu cyflwyno mewn gwisg o'i oes ei hun, fe ellid creu dyluniad ar gyfer cyflwyno cynhyrchiad o *Blodeuwedd* sy'n adlewyrchu cyfnod ysgrifennu'r ddrama. Ond y mae hyn yn peri penbleth pellach, gan i Saunders gwblhau'r ddwy act gyntaf yn 1925, a'r ddwy act olaf yn 1948, ac mae cryn wahaniaeth yn ffasiwn y ddau ddegawd hynny. Fe welir yn aml hefyd gyflwyno dramâu Shakespeare a chlasuron eraill y theatr mewn gwisg gyfoes. Byddai cyflwyno *Blodeuwedd* yn yr un modd yn ateb y penbleth. Ond mae cysgod neu olion dau Ryfel Byd yr ugeinfed ganrif i'w gweld yn drwch yn y ddrama; a mwy diddorol gen i, felly, oedd mynd am naill ai 20au neu 40au'r ganrif honno. Roedd dewis diwedd y 1940au fel cyfnod ar gyfer y dyluniad yn gwneud gwell synnwyr o ystyried dyddiad cwblhau'r gwaith yn llawn.

O wneud y dewis hwnnw, roedd yr elfennau hynny o'r gwaith sy'n cyfeirio'n uniongyrchol at wrthrychau penodol o gyfnod canoloesol – megis, er enghraifft, gorn hela a gwaywffon – yn peri mymryn o her. Ond buan iawn y daeth cynulleidfa cynhyrchiad y Theatr Genedlaethol yn 2013 yn gyfarwydd â gweld gwn (neu ddryll) pan fo cymeriad yn cyfeirio at waywffon, neu glywed sŵn beic modur pan gyfeirir at gorn hela. Dyna wyrth a rhyfeddod theatr.

Ac wedyn, dyma ofyn y cwestiwn, 'Ym mha gyd-destun y dylid gosod y cynhyrchiad?' Tybed oedd theatr gonfensiynol yn rhy... wel, 'gonfensiynol' i'r ddrama ryfeddol hon?

A minnau yn frodor o ardal Ffestiniog, roeddwn yn gyfarwydd iawn â Thomen y Mur, sef safle hen gaer hanesyddol sy'n dyddio'n ôl i oes y Rhufeiniaid, dafliad carreg o'r A470 ger atomfa Trawsfynydd, nid nepell o Gwm Cynfal. Dyma'r safle y mae Ifor Williams yn ei gynnig yn ei olygiad o'r Pedair Cainc fel safle hanesyddol posibl ar gyfer Mur Castell y chwedl, sef caer Lleu Llaw Gyffes (Llew y ddrama) yn Ardudwy. Roeddwn hefyd yn ymwybodol iawn ers pan oeddwn yn blentyn o enwau ffermydd ger safle'r gaer a oedd yn dwyn eu henwau o ddigwyddiadau'r chwedl; ffermydd megis Llech Ronw, Bron Ronw, Bryn Saeth a Bryn Cyfergyr. At hynny, fe'm cyflwynwyd gan fy hen athro Cymraeg, Geraint Vaughan Jones, i lechfaen ryw bum troedfedd o hyd â thwll crwn, cymaint â dwrn, yn ei chanol, y daeth ef o hyd iddi ger nant ar fferm Bryn Saeth, o chwilio'r ardal gyda'i gyfaill yntau, y diweddar Athro Gwyn Thomas, gan ddilyn rhyw gymysgedd o reddf a hanesion lleol am ei bodolaeth.

Roedd yna eironi perffaith i mi hefyd yn y ffaith fod ar safle Tomen y Mur olion amffitheatr o oes y Rhufeiniaid. Ac er nad theatr er mwyn cyflwyno dramâu, y mae'n debyg, oedd hon (ond yn hytrach er mwyn cynnig man i filwyr ymrafael ac ymarfer crefft ymladd), ac er bod yr amffitheatr ar dir corsiog, ac nad yw mewn gwirionedd fawr mwy na chylch rhyw bum troedfedd o uchder a llai na hanner canllath o led, gyda wal gerrig o oes lawer mwy diweddar yn rhedeg drwy ei ganol, a'i fod yn llecyn cwbl anaddas ar gyfer cyflwyno perfformiad theatraidd, fe daniodd ei bodolaeth – yma ar safle'r 'gaer yn Ardudwy' – fy nychymyg fel cyfarwyddwr theatr. Ac roedd agosrwydd y safle at atomfa Trawsfynydd yn cynnig eironi perffaith arall, gan fod Blodeuwedd, fel yr atomfa (sydd bellach yn segur) rhywsut yn ymgorfforiad o glyfrwch gwyddonol dyn wrth oresgyn rhai o'i broblemau hanfodol, clyfrwch y mae iddo hefyd elfen ddieflig, ddinistriol. A minnau wedi wynebu cwestiwn go ddyrys ynghylch rhoi lle ac amser i'r ddrama, daeth yn fymryn o obsesiwn gennyf i geisio llwyfannu *Blodeuwedd*, ryw ffordd neu'i gilydd, ar y safle hynod hwn; gan rywsut wreiddio chwedl mewn lle ac amser, a thrwy hynny chwarae ar y berthynas ryfeddol a hudol rhwng hanes a chwedloniaeth.

Bu i safle hanesyddol Tomen y Mur greu llwyfan a chyd-destun eithriadol ar gyfer cynhyrchiad awyr agored o *Blodeuwedd* yn ystod Gorffennaf poeth 2013, a bu'n anrhydedd cael cyfarwyddo campwaith Saunders yn y llecyn arbennig hwnnw. A do, fe ddefnyddiwyd rhyw gymaint ar yr amffitheatr honno ar gyfer cyflwyno'r act olaf, gyda'r ddwy act gyntaf yn cael eu llwyfannu wrth droed y 'domen' ei hun, a'r drydedd ar lan nant fechan gerllaw. Ac roedd lle amlwg hefyd i fonolith goncrid yr atomfa ar y gefnlen real. Bydd eraill, mi wn, yn gwneud dewisiadau pur wahanol wrth ei llwyfannu yn y dyfodol; a da hynny, wrth gwrs. Er mor anarferol (a ffodus eithriadol o ran y tywydd) yr oedd y cyflwyniad hwnnw gan y Theatr Genedlaethol yn 2013, bydd eraill yn dod â'r ddrama eto'n fyw mewn gwisg, awyrgylch a chyd-destunau cwbl newydd, a hyderaf y bydd swyn a miwsig drama brydferthaf yr iaith Gymraeg nid yn unig yn cyfareddu darllenwyr y dyfodol, ond hefyd yn cynhyrfu cynulleidfaoedd am genedlaethau i ddod, waeth sut na lle y'i cyflwynir.

Arwel Gruffydd

Cyfarwyddwr Artistig

Theatr Genedlaethol Cymru

Mawrth 2017

PERSONAU'R DDRAMA

BLODEUWEDD

LLEW LLAW GYFFES

GWYDION

GRONW PEBR

RHAGNELL

PENTEULU PENLLYN

MILWYR A GWEISION

Y mae tridiau rhwng yr act gyntaf a'r ail, blwyddyn rhwng yr ail a'r drydedd, ac eto flwyddyn rhwng y drydedd a'r bedwaredd.

ACT I

Caer yn Ardudwy

<small>GWYDION *a* LLEW LLAW GYFFES</small>

LLEW LLAW GYFFES (*Yn curo'i ddwylo*):
>Ho, deled yma un...   (GWAS *yn dyfod*)
>'Ydy'r meirch yn barod?

GWAS:
>Mae'r meirch a'r nifer, Arglwydd, yn barod oll,
>A'r arfau aur a'r pali, dy anrhegion.

LLEW LLAW GYFFES:
>P'le mae'r Arglwyddes?

GWAS:
>Yn ei hystafell, Unben,
>Yn brodio, hi a'i morynion, ac yn gwrando
>ar delyn y bardd.

LLEW LLAW GYFFES:
>Dos ati, dywed wrthi,
>Fe deithiwn heddiw deirawr tra fo dydd,
>Gwydion a minnau a'r milwyr gyda ni;
>Doed hithau ar frys i ganu'n iach i ni.

GWAS:
>Af, Arglwydd.   (*Yn mynd*)

LLEW LLAW GYFFES:
>O, fy ewythr a'm tad-maeth,
>'Chei di ddim yng Ngwynedd ŵr mor druan â mi.

GWYDION:

Twt twt. Paid â gwamalu. Taw â'th stŵr.

LLEW LLAW GYFFES:

Nid oes ar y ddaear ŵr mor druan â mi,
A chas fy mam a'i thynged yn fy erlid
O'r groth hyd heddiw, cas a dig a thynged.

GWYDION:

Ai ti sy'n siarad felly, a gafodd y cyfeillgarwch mwyaf a fu erioed? Ti, yn blentyn siawns a daflwyd dros y drws cyn iti brin anadlu, a thithau'n eiddilach na chyw iâr newydd dorri'i blisgyn? Ti y bu tair tynged enbytaf o'r byd arnat, a minnau'n eu rhwystro oll, yn rhoi iti enw, ac arfau, a'r wraig ryfeddaf a grëwyd a'r arglwyddiaeth decaf yn nheyrnas Math ei hun? Cywilydd arnat.

LLEW LLAW GYFFES:

'Chafodd neb erioed well cyfaill na thi, Wydion.

GWYDION:

Naddo, na neb arall y blinder a gefais i gyda chyfeillion. Dyna fy mrawd, Gilfaethwy, y bûm i fyw flynyddoedd gyda'r bwystfilod o'i herwydd, heb wybod fy rhan yn y byd, yn wryw a benyw bob yn ail, a theulu bondigrybwyll gennyf. Ac wele dithau, a phwy ŵyr pa ddrwg a gaf i o'th achos, a rhyw chwant dy ddinistrio ar dy fam dy hun, heb i mi ei rhwystro.

LLEW LLAW GYFFES:

A threch yw dial mam na'th gariad di.

GWYDION:

Sut ynteu? Fe chwalwyd ei dyfeisiau hi, on'd do? Pan wrthododd hi roi enw iti, mi berais innau dy enwi. Hi'n rhoi tynged arnat na chaet ti fyth arfau, minnau'n peri dy wisgo di â'i dwylo hi ei hunan. Hithau'n dy dynghedu na chaet ti fyth wraig o blith merched dynion, minnau'n codi iti o'r blodau y forwyn lanaf a welodd llygaid.

LLEW LLAW GYFFES:

Ond eto, 'ddihengais i ddim rhag llid fy mam –
'Dyw Blodeuwedd ddim megis merched eraill.

GWYDION:

Debyg iawn. Yr wyf fi'n hen ac yn brofiadol dros ben, ac yn fy nydd mi gerais i wragedd a bwystfilod lawer, ond yn fy myw 'welais i erioed ferch yn debyg i ferched eraill.

LLEW LLAW GYFFES:

Gwydion, gwrando, nid oes iddi blant.

GWYDION:

Yr wyt ti'n ffodus. Y plentyn diwethaf a gefais i – blaidd oedd o.

LLEW LLAW GYFFES:

> Byth, anghofia' i fyth y bore gwyn
> Y gwelais i Flodeuwedd gynta' erioed:
> Tydi a Math yn cerdded dros y lawnt,
> A rhyngoch chi, yn noeth fel blodau'r wawr,
> A'r gwlith heb sychu ar ei bronnau oer,
> Bronnau diwair megis calon lili
> Pan blygo'r nos i'w mynwes, cerddai hi,
> Enaid y gwanwyn gwyrf mewn corff o gnawd.
> Edrychais arni, hithau arnaf i,
> A gwisgo'i noethni â'm cusanau brwd;
> A'r breichiau hyn, breichiau trachwantus ienctid –
> Fy mreichiau a fu mor wag – ei gwregys dur.

GWYDION:

> Yr hen chwedl. Yr wyf i wedi cofleidio'r benywod oll.
> A chred fi, was, ar fore o wanwyn yr un ansawdd sydd
> i gnawd y ferch dyneraf ac i wrych baedd.

LLEW LLAW GYFFES:

> Ond, f'Arglwydd Wydion, 'roedd hi'n oer, yn oer.
> Torrai fy nghalon, 'gurai ar ei bron,
> Fel torri gwydr ar gallestr. Yn ei gwedd
> Ni welais i wrid erioed, ond harddwch lloer
> Yn gwawrio yn ddihitio dros y byd.
> Dieithr ac estron yw ei gwaed. Un nos
> Enbyd o wynt a glaw, dihangodd hi
> Allan o'm gwely i ryferthwy'r storm;
> Dilynais innau hi mewn llid ac amau,
> A chleddau dan fy nghlog. Ond 'ddaeth neb ati,
> Ni fentrodd blaidd o'i ffau y noson honno,
> A hithau'n dawnsio yn y ddrycin wyllt.

GWYDION:

Anodd yw tynnu dyn oddi ar ei dylwyth.

LLEW LLAW GYFFES:

Mewn dychryn gwaeddais i arni, ond 'chlywodd hi ddim,

A'r gwynt yn rhuo'n ddinistr dros y coed.

Yr oeddwn i ar goll mewn byd annirnad

Lle ffynnai craig a glaw a storm a nos

A hi, Flodeuwedd. Rhedais ar ei hôl,

A gweiddi'n uwch, a gafael yn ei braich:

"Fe'm deliaist", medd hi'n drist, fel un yn deffro

O freuddwyd pell, "Fe'm deliaist, ie, awn adre".

A gwelais innau yn y dymestl honno

Nad oedd i mi ddim cyfran yn ei bywyd.

GWYDION:

Dyma Flodeuwedd.   (*Hithau yn nesu yn araf*)

LLEW LLAW GYFFES:

Och, fod calon rew

Dan ddwyfron sy'n cynhyrfu serch fel haul

Cyntaf Mehefin.

BLODEUWEDD:

Arglwydd, daeth dy neges.

LLEW LLAW GYFFES:

Ie, Arglwyddes, rhaid yw inni fynd.

BLODEUWEDD:

A Gwydion yntau?

GWYDION:

Minnau hefyd, Arglwyddes.

BLODEUWEDD:

> Mae'r dydd yn fyr, a buan fydd y nos.
> Arglwydd, aros dro; ni fynnwn i
> Fod hebot heno.

LLEW LLAW GYFFES:

> 'Fyddi di ddim yn unig,
> Mae gennyt weision lawer a morynion.

BLODEUWEDD:

> 'Fûm i ddim hebot ti erioed o'r blaen.
> Mae arna' i ofn fy ngadael.

LLEW LLAW GYFFES:

> Ers pa bryd?

BLODEUWEDD:

> Mae f'ysbryd i'n anesmwyth. 'Ddaw dim da
> O'th fyned heddiw. Aros ienctid gwawr;
> Cei heulwen ar dy lwybr i Gaer Dathal.

LLEW LLAW GYFFES:

> Na, na. Mae pawb yn barod; rhaid inni fynd,
> A Math y brenin yn ein disgwyl ni.

BLODEUWEDD (*Yn troi at* WYDION):

> Fy Arglwydd ddewin, ydw' i yn hardd?

GWYDION:

> Pa gastiau hud yw hyn?

BLODEUWEDD:

> Na hud na chast.
> Tydi a ddaliodd f'ysbryd rhwng y dail,
> Dywed, ai da y gwnaethost?

GWYDION (*Yn syllu arni*):
>Myn fy nghledd,
>'Welodd llygaid ddim glanach na thi, ferch,
>Tydi yw campwaith fy hudoliaeth oll.

BLODEUWEDD:
>Pam ynteu, a mi'n gofyn gan fy ngŵr
>Yr unig ffafr a geisiais i erioed,
>Nas rhydd ef imi?

GWYDION:
>Yr unig ffafr, fy nith?

BLODEUWEDD:
>Yr unig un.

GWYDION:
>Fe fuost yn ffôl, Flodeuwedd,
>Fe ddylsit ei ddisgyblu â gofynion
>A blino'i enaid â mympwyon fil;
>Fel yna y cei di ffafr gan ddynion.

BLODEUWEDD:
>Ie,
>Gŵyr merched taeog fwy na mi am ddynion.
>Fy Arglwydd Wydion, gwnaethost imi ddrwg
>Pan roist gadwyni cnawd ac esgyrn arnaf;
>Anniolch it, mi ddylwn dy gasáu.
>Ond y mae ynof reddf i'th hoffi di;
>Fe dreuliaist tithau hafau dan y dail,
>A gwyddost sawr y pryfed gwylltion, ffel.

GWYDION:
>Ust. Paid â sôn am hynny rhag fy ngh'wilydd.

BLODEUWEDD:

O enaid, beth yw c'wilydd? 'Wn i ddim
Sut mae cywilyddio... Aros dithau yma
Nes delo f'arglwydd ataf i drachefn.
Fe fyddi'n ddiogelwch imi 'rhawg.

(GWAS *wrth y drws*)

GWAS:

Arglwydd, mae'r osgordd yma'n d'aros di,
Pawb ar ei farch yn barod.

LLEW LLAW GYFFES:

Ie, awn.
Tyrd, fy nghyfaill, mae hi'n amser cychwyn.

GWYDION:

Ffarwél, Arglwyddes. 'Rydw' i yn hen,
Fe flinit tithau ar fy nghwmni llwyd.
Mae peraroglau'r Mai o'th amgylch di,
'Wywodd mo'r blodau a glymwyd yn dy wedd.
Bydd ifanc fyth; ffarwél.

BLODEUWEDD:

Fy Arglwydd mwyn,
A welir ni'n tri eto fyth ynghyd?
Mae 'nghalon i yn drom. Ffarwél...

(GWYDION *yn mynd*)

Fy Llew,
Pe'm credit i, 'chychwynnit ti ddim heddiw;
Mi wn yn f'esgyrn na ddaw da o hyn.

LLEW LLAW GYFFES:

'Alla' i ddim byw yn ôl oriogrwydd merch.

BLODEUWEDD:

>Mi adwaen i'r tymhorau'n well na thi,
>A phryd bydd newid gwynt a glaw a hindda –
>Sut nad adwaenwn felly dymor dyn?

LLEW LLAW GYFFES:

>Nac ofna ddim. Tynged sydd arna' i
>Fel na ddaw drwg na niwed imi'n hawdd.
>Bydd dithau'n ddoeth. Na chrwydra ymhell o dre',
>Na ddos i'r coetir unig yn yr hwyr,
>Ond aros yng nghyfannedd y rhodfeydd
>Gyda'th forynion. Bydd yn wych, Flodeuwedd,
>Ni byddaf i ond tridiau. Ffarwél, ffarwél.
>
>>(*Exit.* BLODEUWEDD *yn ei thaflu ei hun ar lwth ac
>>yn wylo. Daw ei morwyn,* RHAGNELL, *i mewn a'i
>>chael hi felly.*)

RHAGNELL:

>Flodeuwedd, Iarlles, beth yw'r gofid hwn?
>Flodeuwedd, ateb fi.

BLODEUWEDD:

>Mae f'arglwydd wedi 'ngadael i.

RHAGNELL:

>Beth os do?
>'Fydd hynny ond tridiau. Fe ddaw'n ôl drachefn
>Yn fuan iawn.

BLODEUWEDD:

>Ragnell, ni wyddost ti
>Yr ofn sydd yn fy nghalon.

RHAGNELL:

> Taw, Arglwyddes.
> Pa raid it ofni? Dy gastell di yw hwn,
> A thi piau'r wlad, a'th air di yw ei deddf,
> Ac nid oes yma neb nad yw'n dy garu.
> Mi roddwn innau 'mywyd er dy fwyn
> Pe byddai raid.

BLODEUWEDD:

> Na, na. Nid ofni dynion
> Yr wyf. Ond ofni gwacter, ofn unigedd.
> Fe aeth fy arglwydd ymaith.

RHAGNELL:

> Beth yw hyn?
> Mi'th glywais droeon yn dymuno ffoi,
> A'th felltith ar y gŵr a'th wnaeth yn briod:
> Pa newid ddaeth?

BLODEUWEDD:

> O, ni ddeelli fyth,
> Fyth, fyth, fy ngofid i, na thi na neb.
> 'Wyddost ti ddim beth yw bod yn unig.
> Mae'r byd i ti yn llawn, mae gennyt dref,
> Ceraint a theulu, tad a mam a brodyr,
> Fel nad wyt ti yn ddieithr yn y byd.
> Mae'r man y troediodd dynion yn gyfannedd,
> A Gwynedd oll, lle bu dy dadau gynt,
> Yn aelwyd iti, yn gronglwyd adeiladwyd
> Gan genedlaethau dy hynafiaid di;
> 'Rwyt ti'n gartrefol yn dy wlad dy hun
> Megis mewn gwely a daenwyd er dy fwyn
> Gan ddwylo cariad a fu'n hir yn d'aros;

Minnau, nid oes i mi ddim un cynefin
Yn holl ffyrdd dynion; chwilia Wynedd draw
A Phrydain drwyddi, nid oes dim un bedd
A berthyn imi, ac mae'r byd yn oer,
Yn estron imi, heb na chwlwm câr
Na chadwyn cenedl. Dyna sut yr ofnaf –
Ofni fy rhyddid, megis llong heb lyw
Ar fôr dynoliaeth. Clyw, pa gorn sydd acw?

(Clywir corn hela ymhell)

RHAGNELL:

Rhywrai yn hela yn y coetir draw.

BLODEUWEDD:

Fe aeth fy arglwydd ymaith. Na, ni bu
Erioed serchogrwydd rhyngom. 'Ŵyr ef ddim
Am y nwydau dyrys sy'n fy natur i,
Ac ni wn innau fyw fel ef yn ddof,
Diantur, a dibynnu ar gyfeillion
Am bob llesâd a gafas yn ei oes.
Ond ymysg dynion fo yw'r unig un
A berthyn imi. 'Does neb ond efô
Yn ddolen rhyngof i a'r gwŷr teuluaidd
Na wyddant barch ond achau. Hebddo ef
Mae 'mywyd i'n ddi-ach ac yn ddiangor
A her a pherygl natur yn fy ngwaed.
'Nawr Duw i'm plaid nad arnaf i bo'r dial
Pan ddelo'r drwg hwn arnom.

RHAGNELL:

Pa ddrwg, Iarlles?
Mae d'eiriau di'n fy nychryn. Dywed wrthyf
Pa storom wyllt sy'n gyrru tan dy gnawd?

(Y corn yn canu'n nes)

BLODEUWEDD:
> Ust, gwrando.

RHAGNELL:
> Ie, mae'r hela tuag yma.

BLODEUWEDD (*Yn tynnu'r forwyn ati a rhoi llaw ar ei chalon*):
> Ragnell, p'le mae dy galon? Och, mor dawel
> Â chalon derwen yn y gaeaf gwlyb.
>> (*Y corn yn canu'n agos iawn*)
> Clyw, ferch. Corn hela. Hela rhwng y coed,
> A'r carw'n chwipio'r tir yn chwyrn o'i ôl
> Fel rhwyfau'n taro'r don. Mae ffroenau'r cŵn
> Yn llamu tros y brisg, a charnau'r meirch
> Fel gwynt ar y milltiroedd. O, mae natur
> Mewn hoen afradus acw yng ngloddest byw,
> A'r heliwr yntau'n un ag egni'r ffridd –
> Mi allwn garu heliwr –   (*Y corn yn mynd heibio*)
> Dos, dos, ferch,
> A gofyn pwy yw'r marchog sydd yn hela.

RHAGNELL (*Wedi mynd allan yn dychwelyd at y drws*):
> Iarlles, mae'r hela drosodd a dacw'r gwrda
> Yn cyrchu tuag yma dros y waun.
> On'd iawn yw cynnig llety iddo heno,
> A'r nos yn gwasgu arno?

BLODEUWEDD:
> Sut un yw ef?

RHAGNELL:
> Ieuanc, ac yn ystwyth ar ei farch
> Fel hebog ar yr awel.

BLODEUWEDD:

Dyro imi
Gwpanau aur, a'r gwin a brofais i
Fore fy nghreu, a dyro ffrwythau im,
Ceirios ac afalau coch a phêr,
A derbyn dithau'r marchog;
Ac arch ei ddiosg ef o'i wisg. Rho ddŵr
Iddo i ymolchi, a'i arwain tua'r neuadd;
A bydded heno wledd i'r dieithr hwn,
Rhag cael ohonof ogan gan fy arglwydd
O'i ollwng, pan adfeilio'r dydd, i'w wlad.

RHAGNELL:

Wele di, Iarlles, fel y dylit fod,
Yn llawen a charedig. Mi af innau
I'w wahodd, ac i erchi byrddau llawn
Yn groeso iddo. Dithau, bydd ysmala,
Anghofia dy ofidiau. Gwledd a dawns
A geiriau mwynion yw dy chwiorydd di,
A'th geraint pawb a'th welo.   (*Yn mynd*)

BLODEUWEDD:

Bydd dawel, fron anesmwyth, daeth dy awr...
Er plygu flwyddyn o dan foesau llys
A defod dynion, 'ddeil hyn mono' i'n hwy.
Cyffro a rhyddid yw f'elfennau i,
A'm deddf yw chwant, y chwant sy'n gyrru'r had
I chwalu'r pridd a'i ceidw rhag yr haul.
Mae ynof innau egin sy'n mynnu dydd
I dyfu'n fraisg a cheinciog uwch y llwyn
Heb gyllell neb i'w docio. Ac i mi
Gwn fod y marchog hwn yn herodr nwyd.

Mi adwaen fiwsig corn: nid gwefus fain
Fy ngŵr a chwythodd y fath hoyw lef,
Ond llawn wefusau cochion, blysiog, brwysg,
Cymheiriaid gweddus fy ngwefusau i.

RHAGNELL (*Wrth y drws*):
Iarlles, mae'r wledd yn barod, a Gronw Pebr,
Arglwydd Penllyn, yn dy gyfarch di.

BLODEUWEDD:
Mor foel dy eiriau. Dylai utgorn pres,
Nid tafod merch, gyhoeddi'r enw hwn.
Rho dy fraich imi ac awn i'w dderbyn ef.
(Y ddwy yn mynd. Gostyngir y golau yn arwydd treulio awr y wledd.
Yna golau eto, a'r olygfa fel cynt, oddieithr bod llestri gwin a blodau ar
fwrdd. BLODEUWEDD a GRONW PEBR yn dyfod i mewn.)

BLODEUWEDD:
'Gefaist ti ddigon?

GRONW PEBR:
O fwyd a diod, do.

BLODEUWEDD:
Beth sydd ar ôl?

GRONW PEBR:
Paid â gofyn, Arglwyddes.

BLODEUWEDD:
Mae arnat ti ofn dweud.

GRONW PEBR:

    'Wn i ddim ofn
    Oddieithr colli urddas ac anrhydedd.

BLODEUWEDD:

    'Ddaliwyd na hydd na merch erioed gan ofn.

GRONW PEBR:

    Arglwyddes, a oes ffordd oddi yma heno?

BLODEUWEDD:

    Oes, dros y bryniau lle mae'r bleiddiaid chwim
    Yn udo am eu newyn wrth y lloer.

GRONW PEBR:

    'Oes un o'th weision a ddengys imi'r llwybr?

BLODEUWEDD:

    'Does neb a feiddiai hynny ond myfi.

GRONW PEBR:

    Tydi?

BLODEUWEDD:

    Mae'r nos a minnau yn gynefin,
    Ac ni ŵyr bleiddiaid erlid arogl blodau.

GRONW PEBR:

    Ai gwir mai o'r blodau gwyllt y'th grëwyd di?

BLODEUWEDD (*Yn cymryd y blodau oddi ar y bwrdd*):

    A weli di'r rhai hyn? Mor dawel ŷnt,
    Fe dd'wedit fod eu harddwch yn dragywydd;
    Ac eto marw a wnân'. Fe'u pliciwyd hwy
    A'u rhoi am orig fer yn addurn gwledd,
    A'u trefnu a'u cynnal felly, ond heb wraidd;
    Mae gwayw eisoes yn eu c'lonnau brath,
    A lludded yn eu bonion. Daw crymu toc,
    A gollwng hyd y llawr eu llwyth o liw
    A sychu a chrino a threngi cyn eu hoed...
    Iarll, a ddywedi di 'mod innau'n hardd?

GRONW PEBR:

    Rosyn y byd.

BLODEUWEDD:

    Ac eto, gwywo'r wyf,
    'Does imi wraidd na daear ymysg dynion.
    Mae dŵr i arbed loes y blodau hyn
    A hirio'u terfyn; ond fe'm tynnwyd i
    Gan law drahaus a'm dodi yma i farw
    Heb un elfen garedig i'm cadw'n ifanc.

GRONW PEBR:

    Beth yw d'ewyllys?

BLODEUWEDD:

    Dywed di dy gyfrinach,
    Dywedaf innau wedyn fy ewyllys.

GRONW PEBR:

    Er pan edrychais arnat, mi'th gerais di.

BLODEUWEDD:

O achos hynny y mynnit ti fy ngadael?

GRONW PEBR:

Yr wyt ti'n briod, ac wrth fwrdd dy ŵr
Eisteddais i a bwyta. Onid oedd
Dyletswydd arnaf tuag ato ef?

BLODEUWEDD:

A bellach?

GRONW PEBR:

O, fe'm collwyd yn dy serch
Fel na wn i mwyach nac urddas nac anrhydedd.
Dy wedd, fy mun, yw caer y rhyfeddodau
A'm swynodd i anghofio pob rhyw ddeddf
A holl ffyddlondeb bonedd. Ti i mi
Yw terfyn gobaith, hafan fy mreuddwydion,
Lle y bwriaf angor fy ieuenctid chwyrn.

BLODEUWEDD:

Heb erfyn mwy ymadael?

GRONW PEBR:

Byth, byth mwy.

BLODEUWEDD:

A'th fonedd a'th draddodiad, moesau da
Dy deulu, a ffyddlondeb yr uchel o waed?

GRONW PEBR:

Anghofiaf hwynt.

BLODEUWEDD:

Na, nac anghofia ddim,
Rhag iddynt rywbryd ddyfod eto i'th gof
Ac oeri'r gwaed a difa fflamau chwant.
Ond dewis rhyngom, gyfaill, rhyngddynt hwy,
Foesau diogel, dof gwareiddiad dyn
A holl ryferthwy fy nghusanau i.
A meddwl cyn it ddewis. Gyda hwy
Cei sicrwydd câr a chyfaill a chywely
A bwrw oes ddigynnwrf ar dy stad,
A'th gladdu ym meddrod dy hynafiaid moesol
A'th blant i ddwyn dy elor. Gyda mi
Nid oes yn ddiogel ond y funud hon.
A'm caro i, rhaid iddo garu perygl
A holl unigedd rhyddid. Yn ei oes
Ni chaiff gyfeillion, ni ddaw plant i'w hebrwng
I'w fedd di-sathr. Ond cawod drom fy ngwallt
I lenwi ei synnwyr dro, a'm bronnau i
I'w guddio ef ennyd rhag murmuron byd,
A'r eiliad fydd ei nefoedd... Dewis di.

GRONW PEBR:

Pwy ŵyr ei ddigwydd? Beth a dâl i ddyn
Golli ei fwynder heno am yfory
Nas gwêl ond gobaith? Mae heno'n bod, yn rhodd;
Fe'n taflwyd ni ynghyd; a af i ymaith
A gadael hyn fel breuddwyd yn fy mywyd
A gwrthod awr y duwiau? Mi ddewisais:

Dy harddwch di yn dëyrn yn fy mryd,
D'ewyllys di ar orsedd f'einioes mwy.

BLODEUWEDD:

Fy holl ewyllys i yw angerdd cariad...

(Yn tywallt gwin i gwpan)

Gwrando, fy llanc: Y dydd y'm daliwyd i
A'm rhwymo'n gaeth yn llys a gwely fy ngŵr,
Rhoes Gwydion imi win rhyfedd ei flas
A ddug Pryderi gynt o Annwn. Hwn
A brofais i a'i gadw, a thyngu llw
Nad yfwn i mono eilwaith nes dyfod awr
Cyfeddach gyda gŵr 'ddewiswn i
Yn rhydd, o'm bodd. Bu'r cawg yn hir dan glo;
Sychedais innau droeon am ei rin.
Ond heddiw, y diwedydd, clywais gorn
Draw yn y coed, a seiniodd fel sialens brenin
Ddarfod misoedd caethiwed, ac mi wyddwn
Mai'r genau hwnnw a alwodd drwy y llwyn
A ddrachtiai gyda mi o gwpan serch...

(Yn yfed a rhoi ei chwpan iddo)

Yf, Ronw, mae fy insel ar y min.

GRONW PEBR:

Yfaf, a thyngaf iti gariad 'bery –

BLODEUWEDD:

    Na, fy anwylaf, paid â thyngu i mi.

    Gad yr addunedu iddynt hwy

    Sy'n gwarchod nwydau eiddil â defodau

    A rhwymau ofnus eu crefyddau llwm.

    Beth fyddai addewidion ond cydnabod

    Nad digon inni wynfyd yr awr hon?

    Bydd dithau dawel yn ein noson hoen

    Heb amau am a ddelo. Mae holl nerth

    Natur yn cronni ynof i'th ddiwallu,

    Ac oni flinwyf i, ni flini di.

GRONW PEBR (*Yn yfed*):

    Bydded y cwpan hwn lle bu dy fin

    Yn rhagflas dy gusanau. Y nos hon

    Mi fynnwn farw yn dy freichiau, ferch,

    Rhag deffro mewn rhyw fory hebot ti.

BLODEUWEDD:

    Rhagnell, Rhagnell...   (RHAGNELL *yn dyfod*)

    Cyweiria 'ngwely heno

    Yn yr ystafell wydrin, a dod arno

    Y bliant gwynnaf, meinaf, megis cynt

    Pan gysgais i y noson gynta' erioed. (RHAGNELL *yn mynd*)

    Fy nghyfaill, beth a welaist ti i'm hoffi?

GRONW PEBR:

    Pwy ddywed fyth? Dy wedd, dy ffurf, dy gerdded,

    A'th gorff fel fflam yn llosgi trwy dy wisg.

BLODEUWEDD:
>Ac nid dim arall? Oni welaist ti
>Syndod fy ngeni? Cyn dy ddyfod ataf,
>Carchar amdanaf i oedd y corff hwn,
>Megis gwe farw am y glöyn byw;
>Daethost tithau fel gwanwyn lle y gorweddwn
>A rhoi i'm cnawd adenydd a dawns i'm gwaed.
>Ymysg teuluoedd ni bydda' i'n unig mwy;
>Dy wenau di yw f'achau i a'm hawl
>Ar y ddynoliaeth. Un ewyllys sydd
>Mewn dail a dynion; ni all defod frau
>Na moes na barn gaethiwo'r galon a glyw
>Belydrau serch yn taro. Tyrd, f'anwylyd,
>Nyni piau byw, a charu yw bod yn rhydd.

LLEN

ACT II

Caer yn Ardudwy

RHAGNELL, *morwyn* BLODEUWEDD *yno, a* PHENTEULU PENLLYN

PENTEULU PENLLYN:
Rhagnell, p'le mae fy arglwydd?

RHAGNELL:
'Wn i ddim.

PENTEULU PENLLYN (*Â gwawd*):
A thebyg na wyddost ti chwaith pa gastiau sy rhyngddo a'th iarlles?

RHAGNELL:
A oes castiau?

PENTEULU PENLLYN:
Sut, ynteu, nad oes ond tydi yn gweini arnynt? Paham yr erys o dridiau o'i wlad? A oes castiau, 'wir!

RHAGNELL:
Fe ddychwel fore heddiw.

PENTEULU PENLLYN:
Ie, ac wele'r meirch yn ei aros. Dos, dywed wrtho am ffarwelio â'r hudoles hanner-gwaed a'i swynodd, a chyrchu adref.

RHAGNELL:
Druan ag ef onid oes iddo deulu ffyddlonach na thydi.

PENTEULU PENLLYN:

Beth sydd a fynno fo â ffyddlondeb? Fe werth dref ei dad am bris ei drachwant, a'i unig rinwedd yw ei fod yn rhy fyrbwyll i wybod ofn... Ust, dacw hwy'n dyfod... A ddywedi di'r awron nad oes castiau rhyngddynt...?

RHAGNELL:

Taw'r cerlyn.   (GRONW PEBR a BLODEUWEDD *yn dyfod*)

PENTEULU PENLLYN:

Iarll, gyda'th gennad, wele'r meirch yn barod.

GRONW PEBR:

Dos atynt. Deuaf innau cyn bo hir.

(*Exeunt* RHAGNELL a PHENTEULU PENLLYN)

BLODEUWEDD:

Rhaid iti fynd?

GRONW PEBR:

Neu aros yma i'm lladd.

BLODEUWEDD:

Nage, f'anwylyd. Os oes lladd i fod,
Nid ti a leddir.

GRONW PEBR:

Ei wyrda ef sydd yma,
Ac yntau'n dychwel heddiw gyda'i lu.

BLODEUWEDD:

Ie, dos. Nac oeda mwy. Mae'i enw ef
Fel cnul marwolaeth yn fy nghalon friw.
'Wyddost ti, yn y llwyni ym Mehefin,
A'r canu ar bigau'r mwyeilch fel grawn aur,
A sŵn y dail yn uwch na sŵn y nant,
Chwap, heb neb yn disgwyl, dyma sefyll,
Fe baid y chwiban ar bob brig a pherth
Ac yn y bonion delwi o sudd y coed,
A'r funud honno fe heneiddia'r dail,
Daw pwys haf a'i ddiogi dros y llwyn,
A dyna dranc y gwanwyn. Felly i mi,
Yng nghanol mesur cyntaf dawns fy serch
Mae'i enw ef a'r atgof am ei fod
Yn maglu 'ngham.

GRONW PEBR:

Flodeuwedd, ai i hyn
Y'm hudwyd i i'th geisio dridiau'n ôl,
I weld fy ngwyn a'm digon ynot ti,
Ac yna, yn ddiobaith, ganu'n iach?

BLODEUWEDD:

Mi brofais i lawenydd megis brath
Yn brifo 'nwyfron, gwewyr geni serch,
A hwn, fy nghorff, a fuasai imi gynt
Yn garnedd marw, wele yntau'n awr
Yn ardd holl beraroglau gwanwyn f'oes,
Rhyw fyd newydd a drewaist ti â'th hudlath
A'i blannu â bendithion. Ti, fy nghyfaill,
Nid Math na Gwydion, yw fy nghrëwr i.

GRONW PEBR:

> A wyddost ti y cwbl sy yn dy fyd?

BLODEUWEDD:

> Mae'n cyrff ni yn ddihysbydd. O, fy Ngronw,
> Y gamp a fyddai dreiddio'u cyfoeth oll,
> Dirgelwch y pum synnwyr wedi'u deffro,
> Tymhorau ein tawelwch, heddwch cwsg
> Ar fraich anwylddyn, cydanadliad dau.
> Mae dawn mewn serch i glymu cyrff ynghyd
> A rhyngddynt greu rhyw fywyd newydd, uwch,
> Ehangach na'r ddau unig, lle y cyll
> Pob un gyfyngder bod, a chwarae'n rhwydd
> Yn nwyfiant campau cariad. Ac i mi
> Tydi yw drws y gwynfyd hwn. Cans hebot
> Ni ddaw i'm rhan ond wylo ar hyd y nos
> A gwylio un yn cysgu ger fy llaw,
> Rhyw dreisiwr oer a dieithr.

GRONW PEBR:

> 'Fynni di
> Na byddo heddiw'n derfyn ar ein serch?

BLODEUWEDD:

> Mi fynnaf fyw. Mae serch a byw yn un;
> Mi welais wawrddydd cariad gyda thi,
> Mi fynnaf weld ei nawn.

GRONW PEBR:

> A Llew Llaw Gyffes?

BLODEUWEDD:

> Pam yr enwaist ti ef? On'd digon oedd

Gwybod ei fod fel rheibiwr rhyngom ni
A llwybr serch?

GRONW PEBR:
Rhaid edrych ar ein hofn
A'i enwi, fel nas ofnom.

BLODEUWEDD:
'Oes tric neu gast
I dwyllo'r Llew?

GRONW PEBR:
Oes. Dianc gyda mi
Y bore hwn.

BLODEUWEDD:
I b'le?

GRONW PEBR:
I'm castell draw,
Cans wele'r meirch yn aros wrth y porth
A rhyddid yn y warthol. Doed y Llew
I'w wâl a'i chael yn wag. O furiau 'nghaer
Fe'i heriwn yn ddiogel, rhued ef
Fygythion fel y myn.

BLODEUWEDD:
'Wyddost ti ddim
Y nerth sydd iddo. Gydag ef daw Math
A holl gadernid Gwynedd ar ei ôl,
A Gwydion ddewin. Nid oes gaer o'r byd
A saif i'w herbyn hwy. 'Fynna' innau ddim
Fy nal fel ewig yng nghrafangau'r Llew
A rhwygo 'nghnawd.

GRONW PEBR:

    Flodeuwedd, beth i ni
    Yw llys na theyrnas? Ffown i Ddyfed bell,
    Cawn yno groeso gan elynion Math,
    A nawdd a diogelwch.

BLODEUWEDD:

    Nac af fyth.
    'Alla' i ddim mynd yn dlawd at ddynion dieithr.
    Mae'n rhwydd i ti ymddiried mewn estroniaid
    A thithau'n ddyn fel hwythau. 'Does gen' i
    Ddim hawl ar neb na sicrwydd yn ei air.
    Mae arna' i ofn pob dieithr.

GRONW PEBR:

    'Dyw dyn ddim
    Mor angharedig ag y credi di.

BLODEUWEDD:

    Nac yw i'w gilydd. Ond i mi nad wyf
    Yn un ohonynt, pwy a fentra goel?
    Nid ymddiriedaf innau ynddynt hwy.
    Heb iddo ymglymu â mi yn rhwymau serch
    Mae pawb yn elyn imi... Fy unig frawd,
    Paid â'm dwyn oddi yma.

GRONW PEBR:

    Beth a wnawn ni?

BLODEUWEDD:

    Cusanu ac anghofio a chanu'n iach.

GRONW PEBR:

    Dyna dy gyngor di?

BLODEUWEDD:
>
'Wn i ddim gwell.

GRONW PEBR:
>
Ai hawdd fydd gennyt ti anghofio'r cwbl?

BLODEUWEDD:
>
Nid hir prentisiaeth angof. Daw ei chrefft
>
Yn haws bob dydd.

GRONW PEBR:
>
Ni alla' i fyth anghofio.

BLODEUWEDD:
>
Mae pawb yn drwsgwl pan ddechreuo waith,
>
Fel disgybl ar ei dasg.

GRONW PEBR:
>
A fynni di
>
Anghofio?

BLODEUWEDD:
>
A fynni di?

GRONW PEBR:
>
Pan fynnaf farw.

BLODEUWEDD:
>
Cusana fi, f'anwylyd... Cyn bo hir
>
Fe hawlia yntau deyrnged fy ngwefusau,
>
A'i law ddidaro ar fy ysgwydd wen
>
Yn arglwyddiaethu ar fy nghnawd i gyd.
>
O na bai gwenwyn yn fy nannedd i,
>
Yna fel sarff mi ymblethwn am ei wddf
>
A'i wasgu yn wresocach nag erioed...
>
Fel hyn... fel hyn... fe'i brathwn i farwolaeth.

GRONW PEBR:

Nid oes ond hynny – rhaid i ni ei ladd.

BLODEUWEDD:

Mor hir y buost ti yn gweld fy meddwl.

GRONW PEBR:

'Fynnwn i ddim ei ladd ef heb fod rhaid.

BLODEUWEDD:

Mae'n rhaid, mae'n rhaid. Pa le sydd iddo fo
Mewn byd a ŵyr ryferthwy'n nwydau ni?
Pren crin ar lwybr y corwynt.

GRONW PEBR:

A oes modd
Ei ladd?

BLODEUWEDD:

Ni bydd yn hawdd. Mae arno dynged
Na all neb arall wybod sut i'w ladd;
Mae ef ei hun yn ei wybod.

GRONW PEBR:

Mae tynged hithau
Yn elyn cariad?

BLODEUWEDD:

Blodyn prin yw serch
Yn tyfu ar glogwyn tranc. Mae rhai'n ei gipio,
A'r lleill fel ych yn cnoi ei gil mewn dôl.

GRONW PEBR:

>Mor hardd yw dirmyg ar dy wefus di.
>Mae rhosyn prinnach yn y byd na serch,
>Cans onid e, ni fentrwn i fy hoedl
>Na chynllwyn brad y gwirion... Dywed yn awr,
>Pa fodd y cawn ni wybod sut i'w ladd?

BLODEUWEDD:

>Gad hynny i mi. Fe all y bysedd hyn
>Chwarae â'i gorff newynllyd ef mor gyfrwys
>Nes hudo ei amheuon yn dosturi
>A denu ei gyfrinach fud o'i fynwes.
>Pwdu plentyn yw ei ddicter ef,
>Fe ddychwel heddiw'n unig ac anesmwyth,
>Minnau, cusanaf ef –

GRONW PEBR:

>A chael yn wobr
>Ddirgelwch mawr ei fywyd?

BLODEUWEDD:

>Einioes am gusan,
>A ydyw'r pris yn ormod?

GRONW PEBR:

>Y funud hon,
>Pe byddai imi ddewis rhwng y ddau,
>Fel gwyfyn tua'r fflam mi hedwn atat.

BLODEUWEDD:

>Ie, fflam yn llosgi yw fy ysbryd i,
>Ac fe gaiff ef, 'gyneuodd gynta'r tân,
>Ei ysu ganddo... Sut y trefnwn wedyn?

GRONW PEBR:

>Myfi piau'r trefnu. Os â dwylo dyn
>Y gellir ei ddifetha, anfon ataf,
>A phan ddêl dydd y cynllwyn mi gyfrifaf
>Bob awr a gollais o'th anwyldeb di,
>Ac yn yr ergyd a'i dinistrio ef
>Mi gronnaf hiraeth bore a nawn a nos
>A'u dial ar ei gelain.   (RHAGNELL *yn dyfod*)

RHAGNELL:

>Wele, Iarll,
>Dy wŷr yn d'aros, a'r haul uwch y bryn
>Yn dangos treulio oriau diogelwch.

GRONW PEBR:

>Rhaid canu'n iach.

BLODEUWEDD:

>A gedwi di dy air?

GRONW PEBR:

>A wyt ti'n amau fy ffyddlondeb i?

BLODEUWEDD:

>O, Ronw, beth i mi yw dy ffyddlondeb?
>A gedwi di dy chwant? Mae chwant yn gryf
>I ddal ewyllys megis saeth i'w nod
>Pan rydo bwa ffyddlondeb. Edrych arnaf.
>Llanw dy enau â blas y cusan hwn,
>A'th ffroen â sawr fy mynwes... Dos yn awr.

GRONW PEBR:

> Caf glywed gennyt heno?

BLODEUWEDD:

> Cyn y nos.

GRONW PEBR:

> Mae'n nos yn awr i mi a'm haul yn machlud.
> Riain, ffarwél...
>> (*Exit. Distawrwydd. Clywir sŵn meirch yn mynd*
>> *ymaith.* BLODEUWEDD *yn eistedd ar lwth.*)

RHAGNELL:

> Mi welais lwch yn symud ar y gorwel.
> Bydd yma cyn bo hir.

BLODEUWEDD:

> Be' dd'wedaist ti?

RHAGNELL:

> Ym mh'le y mynni di i mi drefnu cinio?

BLODEUWEDD:

> I bwy?

RHAGNELL:

> I ti a'r Iarll dy ŵr.

BLODEUWEDD:

> Mewn bedd.

RHAGNELL:

> Ai dyna'r nerth y soniaist ti amdano
> Wrth Ronw cyn ymadael? Tyrd, Arglwyddes,
> Bydd barod i'w groesawu. Minnau, af
> I'w gyfarch drosot yn y porth –

BLODEUWEDD:

> Ie, dos
> A dywed wrtho fy nghyfrinach i gyd.

RHAGNELL:

> 'Wyt ti'n meddwl y'th fradychaf i di?

BLODEUWEDD:

> Yr wyt ti'n ddyn, yn ffrwyth y groth fel ef.

RHAGNELL (*Yn penlinio wrth ei hymyl*):

> Dy forwyn di wyf i tra fyddwyf byw.

BLODEUWEDD:

> Na, na, 'chei di ddim fy ngwatwar. Gwn
> Y gall fy wyneb hurtio enaid llanc
> A'i rwymo wrth f'ewyllys. Merch wyt ti –
> A 'fedraf innau mo'th gadwyno fyth.

RHAGNELL:

> Ond y mae cadwyn arall arnaf i.

BLODEUWEDD (*Gan edrych ar* RAGNELL *a chymryd pleth ei gwallt a dechrau ei rwymo o gylch ei gwddf*):

> Oes, y mae cadwyn gennyt tithau, fun,
> 'Rwyt tithau'n dlos, fy ngeneth. Mae dy wallt
> Fel rhaff o aur yn syrthio ar dy gefn
> A thyner fel y sidan. Ond paham
> Na wisgi di ef yn dorch o gylch dy wddf,
> Yn eurdorch, megis rhodd dy feistres iti
> Yn wobr am dy ffyddlondeb? Gyda hwn
> Yn dynn, yn dynn amdanat, Ragnell fach,
> Fe elli orwedd byth yn ddoeth a mud
> A chadw fy nghyfrinach i'n ddi-dor.

RHAGNELL (*Heb symud ac yn dawel*):
    'Rwyt ti'n fy mrifo. 'Wyt ti am fy lladd?

BLODEUWEDD (*Yn syllu i'w hwyneb*):
    Mae arna' i awydd clymu d'wddf bach main
    Â'r sidan hwn, fel na ddihango fyth
    Un gair bradwrus drwy'r gwefusau gwylaidd
    Gusanodd law eu meistres lawer nos.
    Gweinyddaist arnaf droeon, Ragnell dlos,
    A'm tendio cyn im gysgu. Minnau'n awr,
    Caf weini arnat ti, a'th roi i gwsg
    Llonyddach nag a brofais i erioed.

RHAGNELL (*Eto heb symud*):
    Yn fyw neu farw, 'fradycha' i monot fyth.

BLODEUWEDD:
    'Chei di ddim cyfle, fy anwylyd wâr;
    Rhwymaf dy dafod a'th wefusau del
    Tu draw i bob temtasiwn.

RHAGNELL:
    Wele'r Iarll.
    (LLEW LLAW GYFFES *yn dyfod. Y ddwy yn codi i'w dderbyn.*)

LLEW LLAW GYFFES:
    Mi ddeuthum cyn fy nisgwyl?

RHAGNELL:
    Naddo, Unben,
    Cans gwelais lwch dy osgordd ar y bryn,
    A rhedais gyda'r newydd at f'arglwyddes.

LLEW LLAW GYFFES:

> Mi frysiais innau o flaen fy milwyr oll
> I weld Blodeuwedd gyntaf.

BLODEUWEDD (*Gan fynd ato*):

> Dyma fi.

LLEW LLAW GYFFES:

> Fy ngwraig ddihalog.

BLODEUWEDD:

> Daethost yn ddiogel?

LLEW LLAW GYFFES:

> Mae syndod dy brydferthwch heddiw'n un
> Â'r bore hwnnw gynt rhwng gwawr a gwlith
> Y cerddaist ataf gyntaf. Riain wen,
> Ni wyddwn i nes dy golli faint dy hud.

BLODEUWEDD:

> 'Fuost ti ddim oddi wrthyf i o'r blaen.

LLEW LLAW GYFFES:

> Ni byddaf mwy nes marw.

BLODEUWEDD:

> Gwir fo'r gair.

LLEW LLAW GYFFES:

> Pa beth a wnaethost ti a minnau i ffwrdd?

BLODEUWEDD:

>Gofyn i Ragnell... Dywed wrtho, ferch,
>Wele dy gyfle.

RHAGNELL:

>Unben, er y pryd
>Y daeth Blodeuwedd gyntaf i Ardudwy
>Bûm gyda hi i'w thendio ddydd a nos.
>'Welais i erioed ddeigryn ar ei grudd
>Na lleithder yn ei llygaid; un dawel oedd hi
>Ac ymarhous mewn tristwch. Ond yr awr
>Yr aethost oddi yma, fe'i cefais hi
>Yn beichio wylo ar y lleithig acw
>A'i chorff yn ysig gan ei phoen a'i hofn,
>A'i hateb i bob cysur a sibrydwn
>Oedd "Aeth fy arglwydd ymaith."

LLEW LLAW GYFFES:

>O fy ngwraig,
>Pam na ches i d'adnabod di o'r blaen?

>(*Exit* RHAGNELL)

BLODEUWEDD:

>Anghofia'r gofid gynt. Mae'r aduniad hwn
>Yn sêl priodas newydd rhyngom ni.

LLEW LLAW GYFFES:

>Credais dy fod yn oer ac yn ddi-serch;
>'Wyddwn i ddim y gallai dagrau hiraeth
>Gymylu gloywder dy ddau lygad hardd.
>Paham y cuddiaist ti rhagof dy dynerwch?

BLODEUWEDD:

Fe'm rhoddwyd i iti, Arglwydd, megis ysbail
Ac megis caethferch, heb ddewis ac yn fud.
Ni ddysgaist ti fy ngharu cyn fy nghael,
Na chynllwyn sut i'm hennill. Yn dy gaer
Mae gennyt ti arfau a llurigau pres
A gostiodd iti frwydro a chwys a gwaed:
Fe sylli arnynt a chofio dydd pob un,
A chwilio ôl dy ddewrder a marc dy fraich
Mewn amal dolc sydd ynddynt. Minnau, erioed,
'Chostiais i flinder awr iti i'm dal,
A dyna sut na phoenaist eto i weld
Na briw na tholc na gwacter dan fy mron,
Nac olion dy daerineb ar fy nghalon.

LLEW LLAW GYFFES:

Ti yw fy ngwraig. Gobeithiais drwot ti
Sefydlu imi linach yn Ardudwy,
A'th barchu â chariad tad i fam ei feibion.
Pa garu mwy na hynny a allai neb?

BLODEUWEDD:

Gwraig oeddwn iti cyn fy mod yn ferch,
Fe fynni'r ffrwyth cyn y blaguro'r blodau,
Ond merch y blodau ydwyf i, Flodeuwedd.

LLEW LLAW GYFFES:

Di ferch y blodau, dysg i mi pa ddull
Yr af i heibio i'r petalau oll
A'm claddu fel gwenynen yn dy gôl.
'Rwyf innau, fun, yn unig yn y byd,

Bûm ddieithr fel tydi i freichiau mam
A'm taflodd i o'i chroth cyn dod fy awr
A'm herlid drwy fy einioes. Yn fy myw
Ni phrofais gusan cyn dy gusan di,
Na dwylo geneth am fy ngwddf erioed,
'Chefais i ddim tiriondeb chwaer na brawd.
Mae arnaf hiraeth am dy gariad, ferch;
Dysg imi sut i'th ennill drwy dy fodd,
Cans oni ddena cariad gariad ato
A chalon galon? O fy ngwraig, fy myd,
Pam y cedwi di oddi wrthyf?

BLODEUWEDD:

Naddo, enaid,
Ni chedwais i ddim ohonof yn ôl.

LLEW LLAW GYFFES:

Rhoddaist dy gorff, ond cedwaist dy ewyllys.

BLODEUWEDD:

Mi roddais iti f'ymddiried. Ti yn unig
Sy gennyf ar y ddaear. Beth a wnawn
Pe'th leddid di, a mi heb ŵr na neb?

LLEW LLAW GYFFES:

Ai gwir a dd'wedodd Rhagnell iti wylo? (*Hithau'n fud*)
Flodeuwedd, edrych arnaf... Ateb fi...
Pam nad atebi?... Dywed, a wyt ti'n iach?

BLODEUWEDD:

Y dydd yr aethost oddi wrthyf i
Bu agos i anobaith dorri 'nghalon:
Ofnais na'th welwn di fyth mwy yn fyw.

LLEW LLAW GYFFES:

Ai cymaint oedd dy gariad tuag ataf?

BLODEUWEDD:

'Does gennyf i ddim teulu ond tydi.

LLEW LLAW GYFFES:

Hanner fy enaid, gwn yn awr dy gariad,
Ac weithian fe fydd bywyd imi'n falm
A'th gwmni di'n dawelwch. Ninnau'n dau,
Fe godwn inni deulu yn Ardudwy
A fydd fel llwyn o'n cwmpas. Yno tyf
Y gwiail ifainc gyda'r henwydd praff,
A byddwn megis perllan glyd, gysgodol,
A chariad yn fagwyrydd rhyngom ni
A chwaon oer unigedd. Dithau, wraig,
Ni byddi'n alltud mwyach; dy dref tad
A'th genedl ydwyf i, ac oni'm lladder –

BLODEUWEDD:

Os lleddir di?

LLEW LLAW GYFFES:

Fy nhlysaf, na thristâ
Ac na ofidia. Nid yw'n hawdd fy lladd,
Canys mae tynged sut y'm lleddir i
Ac ni ddaw hynny'n rhwydd drwy ddwylo dyn.

BLODEUWEDD:

Yr wyt ti yn esgeulus a di-bwyll,
A buan yr anghofi. Ond myfi,
Ni ad fy ngofal fyth i mi anghofio;
Dywed wrthyf dy dynged, fel na bo
Fy mronnau'n ysig gan bryderon eto.

LLEW LLAW GYFFES:

>D'wedaf yn llawen. Rhaid bod flwyddyn gron
>Yn gwneud y gwayw y'm trewir i ag ef,
>A heb wneud dim ohono ond pan fydder
>Ar aberth yr offeren ddyddiau Sul.

BLODEUWEDD:

>Mae hynny'n siŵr?

LLEW LLAW GYFFES:

>Mae hynny'n ddiogel ddigon.
>Ni ellir chwaith fy lladd i o fewn tŷ,
>Nac ar fy march, nac ar fy nhroed ar lawr,
>Ond sefyll sy'n rhaid i mi ar gerwyn ddŵr
>A fyddo ar lan afon. Pe bawn i yno,
>A'm taro yn fy nghefn â'r bicell wenwyn,
>A'm trawai i felly, medrai ef fy lladd.

BLODEUWEDD:

>Diolchaf innau i Dduw, fe fydd yn hawdd
>Dianc rhag hynny.

LLEW LLAW GYFFES:

>Llawer tro, Flodeuwedd,
>Y bûm yn dymuno f'angau. Ond yn awr
>Mae blas ar fyw fel blas afal ar ddant,
>A'th gariad di yw'r gadair yng Nghaer Siddi
>Nas plawdd na haint na henaint a fo ynddi,
>A minnau yno'n frenin,
>Heb neb na dim a'm diorsedda mwy,
>Nac ofn na hiraeth na chwaith angau'i hun,
>Cans digyfnewid yw brenhiniaeth cariad.

BLODEUWEDD:

A oes dim yn ddinewid ymysg dynion?

LLEW LLAW GYFFES:

Mae serch yn marw, am ei fod yn fregus
A chyflym fel ieuenctid. Ond fe dyf
Cariad fel derwen drwy dymhestloedd oes,
A thano ef fe godir cartref, teulu,
A phendefigaeth a llywodraeth gwlad.
Fe fydd ein cariad ni, f'Arglwyddes lân,
Yn sicrwydd ac yn gronglwyd i Ardudwy,
Yn addysg gwerin a magwrfa llwyth,
A bendigedig fyddwn gan dywysogion
Oblegid cymod cadarn yr awr hon.

(RHAGNELL *yn dyfod ato*)

RHAGNELL:

Unben, mae'r dŵr a'r llieiniau'n barod,
Os mynni newid gwisg a bwrw'r llwch,
Canys mae amser bwyd yn agos bellach.

LLEW LLAW GYFFES:

Mi ddeuaf, ferch. A bydded heddiw wledd
Fel gwledd priodas yn fy nhŷ. Mi euthum
Oddi yma dridiau'n ôl yn drwm fy mryd;
Dychwelais heddiw i lawenydd mwy
Nag a wybûm erioed. Mae'r dwthwn hwn
Fel baner diogelwch dros fy nghaer,
Cans profais i beth yw ffyddlondeb gwraig.

(*Exit* LLEW LLAW GYFFES)

BLODEUWEDD:

> Rhagnell, mi geisiais i dy ladd.

RHAGNELL:

> Do, Iarlles.

BLODEUWEDD:

> Pam gan hynny na fradychaist ti fi?

RHAGNELL:

> Merch wyt ti, Iarlles, yr wyf innau'n ferch,
> Ac ni fradychaf i gyfrinach cydferch.

BLODEUWEDD:

> 'Alla' i ddim deall dyn. Y man y bo,
> 'Chlywa' i ddim ond sôn am draddodiadau,
> Ffyddlondeb a chywirdeb, teulu, rhyw,
> Llwyth, gwlad, neu grefydd... 'Wyt ti'n fy ngharu i?

RHAGNELL:

> Yr wyt ti'n symyl, Iarlles, megis plentyn,
> Ac megis plentyn yn ddinistriol. Pwy
> Wedi d'adnabod na thosturiai wrthyt?
> Fe'm rhoddwyd innau iti yn llawforwyn,
> A thra fwyf byw mi fyddaf ffyddlon iti.

BLODEUWEDD:

> Maddau i mi. Mi wn dy fod yn gall,
> A chennyt holl wybodaeth merched dynion.
> Minnau, f'unig ddoethineb yw dyheu
> A cheisio â'm holl egni'r hyn a fynnaf.
> A ei di'n gennad drosof at Iarll Penllyn?

RHAGNELL:

    Af, Iarlles.

BLODEUWEDD:

    Dywed wrtho:
    Am iddo lunio gwaywffon o ddur a gwenwyn,
    A heb wneud dim ohoni ond pan fydder
    Ar aberth yr offeren ddyddiau Sul;
    Rhaid bod flwyddyn gron i'w gwneuthur hi,
    Ac yna ymhen y flwyddyn deled yma
    A gwneuthur oed â mi ger bryn Cyfergyr.
    Dos, brysia, fel na chaffo neb dy weld,
    A dyro iddo'r fodrwy hon yn arwydd.

RHAGNELL (*Yn cymryd y fodrwy*):

    Ai dyna'r cwbl?

BLODEUWEDD:

    Dyna'r cwbl, ferch.

RHAGNELL:

    Os gofyn ef amdanat?

BLODEUWEDD:

    Dywed wrtho
    Mor llawen yw fy arglwydd, a bod heddiw
    Wledda a dawns a chanu yn y llys
    Megis ar ddiwrnod gŵyl. Dos ac nac oeda.

LLEN

ACT III

Bryn yn y cefn. Cafn neu gerwyn ddŵr hir yn y canol ar lan afon.
Daw GRONW *a'i* BENTEULU *i mewn at* FLODEUWEDD *a* RHAGNELL.

GRONW PEBR:

Deuthum, Flodeuwedd.

BLODEUWEDD:

I'r funud, filwr dewr,
Cyn i'r haul godi uwchben bryn Cyfergyr.
Paid â gafael ynof i, Ronw.

GRONW PEBR:

Flodyn hardd,
Mae arna'i syched blwyddyn am dy fin
A dirwest hir o'th freichiau. A dd'wedi di,
Paid â gafael ynof?

BLODEUWEDD:

Mae coler y Llew arnaf;
O'i freichiau ef y deuthum yma'n awr.

GRONW PEBR:

I'm breichiau i?

BLODEUWEDD:

Ar draws ei gelain ef.
Tra bo ef byw na ddyro dy law arnaf
Rhag iti fethu d'ergyd. Ai dacw'r waywffon?

GRONW PEBR:

Llafuriais hi o Sul i Sul drwy'r flwyddyn
Ar awr yr Aberth. Drud yw'r gwayw hwn,
Mae colledigaeth enaid yn ei frath.

BLODEUWEDD:

    Ai dyna d'ofn? Mae ffordd yn ôl i Benllyn;
    'Dyw tynged dyn ddim megis unffordd afon
    Neu ferch a wnaed o flodau. Gelli ddewis.

GRONW PEBR:

    Na chellwair â mi, wraig. Dy lendid enbyd
    Yw'r dynged a ddewisais Sul a Sul
    Hyd at y funud hon. Bu blwyddyn faith
    O'r pryd y'th welais; gwywodd y rhos, syrthiodd
    Yr egroes gyda'r dail; aeth haul a lloer
    Drwy gylchau'r misoedd: safodd fy nyddiau i
    Wedi'u didoli oddi wrth dreigl tymhorau
    A'u hoelio ar dy wefus. Llid dy gusan
    Yw'r angau a flaenllymais ar fy ngwayw.

BLODEUWEDD:

    Fy Ngronw, haws i ti nag i mi fu'r flwyddyn;
    Ce'st ti fugeilio d'angerdd, cyfri' atgofion
    Ym muarth unigedd, ac ymroi i hiraeth
    Heb ochel ochenaid a heb dagu deigryn.
    Nid oedd i mi nos na dydd diogel,
    Ond gormes ei gorff ef a baich fy nghas
    Yn sigo 'mronnau a dileu d'argraff di.
    Ni dd'wedaf ragor; caf ddweud a dweud heno,
    Heno ac yfory a thrennydd, ac O, byddaf rydd.
    Ond awr y taro yw hon.

GRONW PEBR:

    Beth yw dy gynllun?

BLODEUWEDD:

    Dy gapten di yw hwn?

GRONW PEBR:

> Penteulu Penllyn;
> Mae'r teulu acw'n y coed, cant o farchogion,
> A'r gwrda hwn i'w harwain.

BLODEUWEDD:

> Benteulu dewr,
> Ger y gerwyn hon y lleddir Llew Llaw Gyffes.
> Dos at dy feirch. Bydd barod. Y funud
> Y lleddir ef fe gân corn hela d'arglwydd;
> Rhuthrwch i'r gaer; egyr Rhagnell i chwi'r porth:
> Ni bydd ond milwr neu ddau i'w trechu yno;
> Meddiennwch hi a'i dal nes ein dyfod ninnau.
> Yfory fe unwn Benllyn ac Ardudwy.
> Tithau, Ragnell, dos, dywed wrth fy arglwydd
> Fy mod i yma ar lan afon Cynfael
> Yng nghysgod bryn Cyfergyr, wrth gafn y geifr;
> Ac yma'n ôl y gair a fu rhyngom neithiwr
> Y dymunaf i ymddiddan ag ef yn awr.

(Exeunt RHAGNELL *a'r* PENTEULU)

GRONW PEBR:

> A ddaw ef?

BLODEUWEDD:

> Pam na ddaw fy mhriod caredig
> At wraig ei fynwes?

GRONW PEBR:

> Pa air fu rhyngoch neithiwr?

BLODEUWEDD:

> Awgrym a'i dwg ef ataf ar frys yn awr.

GRONW PEBR:

>Pa fodd y lladdaf i ef?

BLODEUWEDD:

>Ni bydd yn anodd:
>Cuddiaf di yma dan y geulan hon;
>Ni ellir ei ladd ef a'i droed ar lawr,
>Ond rhaid iddo fod yn sefyll ar gerwyn ddŵr
>A fyddo ar lan afon. Pan weli ef yma
>Yn damsang yn ei falchder ar y gerwyn,
>Cyfod a gwân ei gefn â'r gwayw gwenwynig,
>Cân dy gorn hela, a neidia at dy wobr.

GRONW PEBR:

>Tybed a gei di ef i ddringo'r gerwyn?

BLODEUWEDD:

>Na fetha di dy ergyd, ni fethaf innau
>Ei godi ef i'w sefyll ar y cafn.

GRONW PEBR:

>Mae f'ergyd i ar annel er ys blwyddyn
>Ac ni all fethu. Nid ei angau ef
>Yw'r nod. Tu draw i'w gelain mae dy gusan,
>Dyna fy ngwarant i na fetha 'ngwayw.
>Rhaid wrth oes faith, Flodeuwedd, i ddiwallu'r
>Syched a dyfodd arnaf dan ddeuddeg lloer.
>Mor hir fu'r flwyddyn hon; mor brin y gwelaf
>Holl flynyddoedd y byw sy'n awr o'm blaen.

BLODEUWEDD:

>Difyr mewn blwyddyn fydd cofio'r bore hwn.

GRONW PEBR:

> Ai hawdd fydd dofi Ardudwy a'i dal hi'n dawel?

BLODEUWEDD:

> Paham nad hawdd? A fu erioed un wlad
> Na farnodd drais o'i lwyddo yn haeddu llwyddo?

GRONW PEBR:

> Clywais fod pawb yn fodlon iddo ef.

BLODEUWEDD:

> Lladd dithau ef, nid llai dy groeso di.

GRONW PEBR:

> 'Oes neb ohonynt a gais ddial ei gam?

BLODEUWEDD:

> Bydd greulon fory ac enbyd; gweddill dy oes
> Fe redant fel cŵn bach i lyfu dy law.

GRONW PEBR:

> Fe ddysgaist tithau grefft teyrnasu, Iarlles.

BLODEUWEDD:

> Mae greddf teyrnasu yn y chwannen; nid rhaid
> I minnau nac i hithau ond dilyn natur.
> Ust, cuddia dy hun, fy heliwr, mae'r Llew ar y llwybr.
> Clyma d'ewyllys wrth f'ewyllys i
> I'w godi ef ar y gerwyn. Daw'r gyfranc olaf;
> Wedyn cawn chwerthin a byw wrth ein bodd.

> > > (*Eistedd* BLODEUWEDD *ar ymyl y*
> > > *gerwyn wedi i* RONW PEBR *guddio.*
> > > *Daw* LLEW LLAW GYFFES *ati.*)

LLEW LLAW GYFFES:

> Codaist yn fore, Iarlles.

BLODEUWEDD:

> 'Roedd cryndod y plygain
> Yn fy nenu i fel cwningen i ymdrochi yn y gwair.

LLEW LLAW GYFFES:

> A throednoeth fel cwningen y daethost hefyd?

BLODEUWEDD:

> Rhaid wrth ŵr priod i sylwi ar beth fel yna;
> A wnei di esgid i mi fel y gwnaethost i'th fam?

LLEW LLAW GYFFES:

> Ni cherddai 'mam yn y gwlith, yr oedd hi'n ofalus;
> Anfonodd weision gyda mesur ei throed.

BLODEUWEDD:

> Ai dyna'r tro y lleddaist ti'r dryw â gwayw?

LLEW LLAW GYFFES:

> Nid gwayw, ond nodwydd; 'allai neb wanu dryw bach
> â gwayw,
> Ond nodwydd crydd y gwnïwn i esgid â hi.

BLODEUWEDD:

> Nodwydd, bid siŵr. Myfi oedd yn ddwl yn awr.
> Dywed wrthyf innau sut y lleddaist ti'r dryw.

LLEW LLAW GYFFES:

> D'wedaf yn llawen. Ond dywed di gyntaf i mi
> Pam y gelwaist ti fi mor fore o'r gwely.

BLODEUWEDD:

> Stori'r dryw gyntaf.

LLEW LLAW GYFFES:

> Nage, dy chwedl di gyntaf,
> Paham y'm gelwaist i yma allan o'r gaer?

BLODEUWEDD:

> A gaf i wedyn stori lladd y dryw bach?

LLEW LLAW GYFFES:

> Cei, ar fy ngair, ond beth yw'r gyfrinach fawr?

BLODEUWEDD:

> Mor daer yr wyt ti. Oni dd'wedais i neithiwr?

LLEW LLAW GYFFES:

> D'wedaist y cedwit tan heddiw ryw newydd llawen
> I ddathlu pen blwydd fy nyfod i o Gaer Dathal.

BLODEUWEDD:

> Mor araf dy ddychymyg di y bore...
> A wyt ti'n fodlon ar dy flwyddyn, Arglwydd?

LLEW LLAW GYFFES:

> Pa fodd na byddwn i fodlon? Cefais nyth
> Yn dy ymddiried; buost wâr a mwyn,
> Nid fel aderyn gwyllt a gaewyd mewn cawell.

BLODEUWEDD:

> Mae arnat ti ofn pob gwyllt o hyd, fy Llew?

LLEW LLAW GYFFES:

Gwyllt oedd fy mam. Dysgais gas gan fy mam;
Erlidiodd fi yn blentyn ac yn ŵr,
Ac ni wn pwy oedd fy nhad. Brwnt yw pob gwyllt,
Llwfr a thaeog, yn lladd dyn yn ei gefn.
Buost tithau fel gardd i mi; erioed cyn hyn
Ni fwriais i flwyddyn heb ofni cyllell brad.

BLODEUWEDD:

Trechaist bellach holl dynghedau dy fam?

LLEW LLAW GYFFES:

Pob un a enwodd hi. Mae un nas enwodd.

BLODEUWEDD:

Beth yw honno, fy nghyfaill? Fe gefaist enw;
Cefaist er ei gwaethaf arfau; cefaist wraig.

LLEW LLAW GYFFES:

Pan roes fy mam ddiofryd arnaf i
Na chawn i wraig fyth o blith merched dynion,
Er drysu ei chast a chreu morwyn o flodau
A'i rhoi hi imi'n rhiain decaf y byd,
Er mai'r haul y dydd yw'r man y sefi
A mwyn y nos dy ddal di yn fy mreichiau,
Er fy niolch amdanat, Flodeuwedd wen,
Gwn na ddihengais i eto rhag llid fy mam.

BLODEUWEDD:

Ie, 'rwy'n deall. Ond ateb di yn awr,
Pa bryd y byddi di'n rhydd o'i malais hi?

LLEW LLAW GYFFES:

>Pan dd'wedi di wrthyf newydd gorau fy oes.

BLODEUWEDD:

>A'r newydd hwnnw, enaid?

LLEW LLAW GYFFES:

>Y newydd da
>Fod imi fab yn etifedd ohonot ti.

BLODEUWEDD:

>A dyna ddatod c'lymau dy fam arnat?

LLEW LLAW GYFFES:

>Ceisiodd fy mam fy lladd. Ni fedrodd hynny.
>Fy ngeni i oedd ei gwarth, a thrwof i
>Poerodd ei dial a'i bustl ar y byd.
>Torrodd fi oddi wrth ddynion, oddi wrth hoen
>Corff ac oddi wrth lawenydd llanc,
>Gan wahardd imi arfau a gwahardd gwraig.
>Brwydrais innau am fywyd yn ei herbyn,
>Am brofi o bethau pêr cymundeb dyn.
>Bu Gwydion imi'n dad, buost ti'n wraig;
>Cefais arglwyddiaeth gan y brenin Math;
>Gwn bryderon cyffredin, a thrwot ti,
>Eleni, gwn dynerwch. Mae'r hunllef a fu
>Yn darfod o'm hymwybod. Ond, Flodeuwedd,
>Pe gwelwn i unwaith rhwng dy fraich a'th fron
>Fab, fy etifedd i, fe syrthiai wedyn
>Y gadwyn olaf, byddwn iach, yn dad
>Teulu, yn rhoddwr bywyd i'r cenedlaethau.

BLODEUWEDD:

Heb hynny, ni byddi fodlon arnaf i?

LLEW LLAW GYFFES:

Heb hynny, mi fodlonaf; gyda hynny
Fe dry fy serch a'm diolch yn gân o'th gylch.

BLODEUWEDD:

Nid cân i mi a fyddai hynny chwaith,
Ond awdl dy fuddugoliaeth ar dy fam.
Och fi, fy Llew, nad edrychit arnaf unwaith
A dweud: "Tydi, tydi yw fy nigon i."
Pe d'wedit hynny –

LLEW LLAW GYFFES:

Fe'i d'wedaf a'th fab ar dy fraich.

BLODEUWEDD:

O air fel tynged! Gwrando fy nghyfrinach:
Mae gennyf yma'n awr etifedd i ti.

LLEW LLAW GYFFES:

Fe wyddost yn sicr?

BLODEUWEDD:

Fel y gŵyr pob gwraig.

LLEW LLAW GYFFES:

O, fy mrenhines! Rhoed ffawd mai mab a fo.

BLODEUWEDD:

Mab yw ef, af ar fy llw.

LLEW LLAW GYFFES:

    Ni feiddiais i
    Gredu mai dyna ystyr dy awgrym neithiwr.
    Mae 'nghwpan i yn llawn; doed angau'n awr
    Pan fynno, ni bydd chwerw fy nghroeso iddo.

BLODEUWEDD:

    Nid hawdd y daw iti angau; mae'r dynged olaf
    Yn gaer gref i'th gadw rhag gwayw dy fam.

LLEW LLAW GYFFES:

    Ni all llid fy mam ddim pan ddaw y mab.
    Dyfala, f'annwyl, sut un fydd yr aer hwn.

BLODEUWEDD:

    Brwd ei gusanau; dychmygaf ef yn awr
    Yn bwrw'i wefus ar fy ngwefus i,
    A heliwr fydd ef a'i gorn yn cyffroi'r ceirw,
    Yn dawnsio llawr Ardudwy yn ei asbri.

LLEW LLAW GYFFES:

    Mi ddysgaf iddo fabolgampau'i dad.

BLODEUWEDD:

    A ddysgi di iddo daflu gwayw a nodwydd?

LLEW LLAW GYFFES:

    A rhwyfo cwch a gwneud esgidiau i'w fam
    Rhag iddi fynd yn droednoeth yn y gwlith.

BLODEUWEDD:

    A dd'wedi di wrtho stori saethu'r dryw?

LLEW LLAW GYFFES:

>Tybiaf ei weld yn awr yn blentyn teirblwydd
>Yn gwrando o arffed ei fam ar chwedlau Gwydion;
>Digrif fydd gan y dewin hwnnw synnu'r
>Bychan â hanes y cwch wrth Gaer Arianrhod.

BLODEUWEDD:

>Adrodd y stori megis wrth dy aer,
>Bwrw mai'r gerwyn hon yw'r cwch am dro;
>P'le safai Gwydion?

LLEW LLAW GYFFES:

>Yma, yn y canol,
>Yn plygu at droed fy mam.

BLODEUWEDD:

>A'r llanc dienw
>Yn gwnïo'r lledr, p'le'r eisteddit ti?

LLEW LLAW GYFFES:

>Acw yn y cefn.

BLODEUWEDD:

>A edrychodd dy fam arnat?

LLEW LLAW GYFFES:

>Do'n hir a chraff a'i min yn gam.

BLODEUWEDD:

>Ond heb
>Dy adnabod?

LLEW LLAW GYFFES:

>Rhoesai Gwydion hud amdanom;
>Yr oedd hi'n hardd a'i throed ar fin y cwch,
>A safai'n falch, heb blygu, fel tywysoges.

BLODEUWEDD:

>Fel hyn, onid e, a'i hwyneb tua'r môr?
>Ac yna?

LLEW LLAW GYFFES:

>Gwanwyn oedd hi, decllath o'r traeth
>'Roedd clawdd o gerrig; drwy hollt isel yno
>Gwelais y dryw yn gwibio i mewn ac allan
>Ar ei siwrneion sydyn, yna blino
>A mynnu hoe, a disgyn ar flaen y cwch.

BLODEUWEDD:

>Fan hyn? O, dangos inni sut y safodd.

LLEW LLAW GYFFES (*Yn neidio ar flaen y gerwyn a sefyll gan edrych allan*):

>Edrych yn awr...

>(*Â* BLODEUWEDD *i ganol chwith y llawr a'i wynebu. Cyfyd* GRONW PEBR *ar y dde y tu ôl iddo, ac anelu'r gwayw.*)

>Yma'r oedd 'mam a Gwydion,
>Minnau'n y cefn. Yr oedd hi'n funud o angerdd,
>Rhyw gryndod o dawelwch ar y dŵr,
>Ac wele'r dryw. Safodd a chodi ei adain
>Fel hyn... a'i ben i lawr... A'r eiliad honno
>A'r nodwydd rhwng fy mysedd –

BLODEUWEDD:

Nodwydd, nid gwayw –

LLEW LLAW GYFFES:

Anelais innau ato ef –

GRONW PEBR:

Fel hyn.

> (*Bwrw'r gwayw i gefn* LLEW LLAW GYFFES. *Syrth yntau gyda chri i'r llawr ar ei wyneb. Edrychant arno.*)

'Ydy' e wedi marw?

BLODEUWEDD:

Gwingodd a tharo'i ben
Ddwywaith ar y gwellt a llonyddu. Mae'n llonydd yn awr.

GRONW PEBR:

'All y gwenwyn ddim methu. Nid fedrai Gwydion
A'i holl ddewiniaeth droi draw y dynged hon.

> (*Cân ei gorn hela. Clywir sŵn meirch draw.*)

BLODEUWEDD:

Tyrd, yr etifedd...

> (*Cofleidiant.* BLODEUWEDD *yn chwerthin yn wyllt.*)

Mab yw ef, af ar fy llw.

GRONW PEBR:

Ni welais i derfyn ar stori well... Ydyw, mae'n farw.

BLODEUWEDD:

Mor hawdd y mae dyn yn marw.

GRONW PEBR:

Dacw'r haul yn goleuo'r bryn.

BLODEUWEDD:

Arhoswn ennyd;
'Chredwn i ddim y medrai ef farw mor hawdd.

GRONW PEBR:

Awn tua'r gaer i'w meddiannu.

BLODEUWEDD:

Rhoi sgrech a mynd;
Ai felly y bydd hi i minnau pan ddêl fy nhro?

GRONW PEBR:

Tyred, Flodeuwedd. Nid dyma'r awr i ymdroi.

BLODEUWEDD:

'Welais i 'rioed farw o'r blaen. Beth wnawn ni â hwn?

GRONW PEBR:

Anfonaf filwyr i'w gladdu ef y prynhawn.

BLODEUWEDD:

Ust! Clywais sŵn yn y coed fel tincial tarian.

GRONW PEBR:

Fy milwyr i sydd yno.

BLODEUWEDD:

Aethant hwy tua'r gaer.

GRONW PEBR:

Ond odid iddynt adael un i wylio.

BLODEUWEDD:

A ffoes ei ysbryd ef mewn dig i'r coed?

GRONW PEBR:

'All ei ysbryd ef ddim tincial megis tarian.

BLODEUWEDD:

Fe gwympodd fel blodeuyn. Ai fel yna
Y byddi dithau farw?

GRONW PEBR:

Tyred, ferch,
Yr wyt ti fel tylluan, nid dy hunan sionc.
Rhaid dal y gaer a threfnu'r wlad ar frys
Ac yna byddwn ddiogel. Awn yn sydyn.

(*Exeunt. Seibiant munud. Yna llithra dau* FILWR *i mewn, a*
GWYDION *wedyn, yn wyliadwrus. Cael hyd i* LEW LLAW GYFFES.)

MILWR:

Mae gwaeth na'th ofnau yma, f'Arglwydd Wydion:
Wele dy nai yn gelain ger y cafn...

GWYDION:

Ai yma y disgynnaist ti, fy mhlentyn,
Fel eryr mawr clwyfedig? Tyrd i'm harffed...
Peidiodd ei galon â churo. O wraig ddrwg...
Codwn ef, wŷr; fe'i cariwn ef i'r coed
A'i guddio dan y derw. Caiff fy nghelfyddyd
Yno frwydro â'r dewin angau amdano.
Yn awr, gan bwyll... yn dyner... yn dawel fach...

LLEN

ACT IV

Blwyddyn yn ddiweddarach, yn neuadd y gaer

Y Penteulu a Rhagnell

PENTEULU PENLLYN:
Tydi'n unig sydd yma, Ragnell, o hyd?

RHAGNELL:
Myfi fy hunan. Ni chododd yr iarlles eto.

PENTEULU PENLLYN:
Yn nyddiau'r Llew hi fyddai'n codi gyntaf.
Oni ddychwelodd Gronw o hela?

RHAGNELL:
Naddo.

PENTEULU PENLLYN:
Daeth rhai o'r gwŷr. Gwelais hwynt yn y buarth.

RHAGNELL:
'Fu fawr o hwyl ar eu hela, 'ddyliwn i.

PENTEULU PENLLYN:
Mae hwyl ar y sibrydion sy rhyngddynt yn awr.

RHAGNELL:
A bod chwedlau ganddynt, cadwer hwy i'r wledd.

PENTEULU PENLLYN:
Pa wledd?

RHAGNELL:
Pa wledd! O b'le y daethost ti?

PENTEULU PENLLYN:

> O grwydro Arfon a 'sbio Dyffryn Nantlle;
> Ni chlywais i yno gymaint â sôn am wledd.

RHAGNELL:

> Blwyddyn i heddiw y daeth Gronw i Ardudwy,
> Agorais innau i tithau borth y gaer.

PENTEULU PENLLYN:

> Ai ti fydd y porthor heddiw?

RHAGNELL:

> Gad dy glebar coeg.

PENTEULU PENLLYN:

> Fe synni at y gwesteion a ddaw i'th wledd.

RHAGNELL:

> Pa raid fy mhlagio? 'Wnes i ddim drwg i ti.

PENTEULU PENLLYN:

> Agoraist ormod o ddrysau yn dy oes.

RHAGNELL:

> Daethost tithau â'th Arglwydd drwy bob un.

PENTEULU PENLLYN:

> 'Ddof i ddim heddiw brynhawn.

RHAGNELL:

> Drwg yw'r argoel:
> Cynt y cilia gwŷr Penllyn o frwydr nag o wledd.

PENTEULU PENLLYN:

> Pwy a groesewir yma o Gaer Dathal?
> A wahoddwyd Gwydion?

RHAGNELL:

> Prin y tybiwn i hynny.

PENTEULU PENLLYN:

> Clywais yn Nantlle ei fod ef ar y ffordd.

RHAGNELL:

> Hwyrach iti glywed fod Llew Llaw Gyffes ar y ffordd?

PENTEULU PENLLYN:

> Do, clywais hynny hefyd.

RHAGNELL:

> Y celwyddgi hurt.

PENTEULU PENLLYN:

> Celwyddgi, purion. Ond pam y gelwi fi'n hurt?

RHAGNELL:

> Tydi dy hun a gladdodd y Llew Llaw Gyffes.

PENTEULU PENLLYN:

> Clywais innau ddywedyd hynny droeon.

RHAGNELL:

> Ti a'i dywedodd, nid arall.

PENTEULU PENLLYN:

> A glywaist ti fi?

RHAGNELL:

> Pan ddaeth yr iarll a'r iarlles o'r alanas
> Gorchmynnodd ef i ti a dau o'th filwyr
> Fyned i gladdu'r corff ger cafn y geifr.
> Buom wrth fyrddau'r neithior awr neu chwaneg
> Cyn dyfod ohonot a dweud bod dy dasg ar ben.

PENTEULU PENLLYN:

> A holodd Gronw neu arall ba dasg a fu?

RHAGNELL:

> On'd claddu Llew Llaw Gyffes?

PENTEULU PENLLYN:

> A welaist ti'r bedd?

RHAGNELL:

> Naddo.

PENTEULU PENLLYN:

> A welodd d'arglwyddes?

RHAGNELL:

> 'Wn i ddim.

PENTEULU PENLLYN:

> Rhyfedd na bu holi am y bedd.

RHAGNELL:

> 'Roedd dofi Ardudwy a'i derbyn i ufudd-dod
> Yn rheitiach camp na chodi cerrig ar fedd.

PENTEULU PENLLYN:

> Mae cysur mewn bedd, awgrym fod yno farw.
> Bydd cerrig ar fedd gelyn yn rhoi cwsg i'r byw.

RHAGNELL:

Nid rhaid iti ofni, mae Gronw yn gysgwr pert.

PENTEULU PENLLYN:

A gwsg ef gystal â'r Llew wrth gafn y geifr?

RHAGNELL:

Beth yw dy feddwl?

PENTEULU PENLLYN:

Oni dd'wedaist ti
Mai yno y bu farw Llew Llaw Gyffes?

RHAGNELL:

'Roedd arno dynged mai felly y byddai farw.

PENTEULU PENLLYN:

Nage, ond tynged na ellid ond felly ei ladd.

RHAGNELL:

Mae dau a dau yn bedwar. Fe'i lladdwyd, bu farw.

PENTEULU PENLLYN:

A thithau'n gwybod hynny, gwyn dy fyd.

RHAGNELL:

Myfi'n ei wybod? Tydi a'i claddodd ef.

PENTEULU PENLLYN:

Dywedaist hynny eisoes, 'wn i ddim pam.

RHAGNELL:

Na wyddost ti? Oni chleddaist ti ef?

PENTEULU PENLLYN:

> Mae blwyddyn er pan gollwyd Llew Llaw Gyffes
> Ac ni holodd neb mo hynny erioed o'r blaen.

RHAGNELL:

> Pa raid holi, a phawb oll yn ei wybod?

PENTEULU PENLLYN:

> A minnau heb ei wybod.

RHAGNELL:

> Sut? Heb ei wybod?

PENTEULU PENLLYN:

> Os claddwyd ef, nid myfi a'i claddodd.

RHAGNELL:

> Dy filwyr, ynteu, 'oedd dan dy ofal di?

PENTEULU PENLLYN:

> Dos, gofyn iddynt. Maent acw'n y buarth.

RHAGNELL:

> Fe laddwyd Llew Llaw Gyffes wrth gerwyn y geifr.

PENTEULU PENLLYN:

> Felly deellais innau; euthum yno;
> Nid oedd na chelain na gafr ar gyfyl y fan;
> Chwiliais y coed a'r afon, ac ofer chwilio.

RHAGNELL:

> Pam na dd'wedaist ti hynny wrth Ronw Pebr?

PENTEULU PENLLYN:

>Gŵr yw hwnnw ni roddes y gwir i neb;
>Ni thâl rhoi'r gwir iddo yntau cyn bod rhaid.

RHAGNELL:

>Ond odid i un o'i deulu ddwyn y corff?

PENTEULU PENLLYN:

>Rhyfedd na ddôi Gwydion o Gaer Dathal
>Neu fardd o Arfon i ganu uwchben ei fedd.
>Ni chlywais yn Nantlle farwnad, na chlochdar ei fam.

RHAGNELL:

>Dy feddwl di yw bod Llew Llaw Gyffes yn fyw?

PENTEULU PENLLYN:

>Dyna a dybiais innau. Euthum i Arfon:
>Blwyddyn bu Gwydion a meddygon Math
>Yn brwydro gyda'r gwenwyn am einioes Llew.
>Mae'n fyw yn awr a holliach. Bydd yma heddiw;
>Mae ganddo air neu ddau â Gronw Pebr.

RHAGNELL:

>'Synnwn i fawr. A oes cwmni ganddo?

PENTEULU PENLLYN:

>Ei ewythr Gwydion a thri chant o wŷr arfog.

>>(*Daw* BLODEUWEDD *atynt*)

RHAGNELL:

>Wele newyddion, Iarlles.

BLODEUWEDD:

Ai llon ai ffôl?

RHAGNELL:

Ai llon ai ffôl yw bod Llew Llaw Gyffes yn fyw?

BLODEUWEDD:

Yn fyw? Pwy dd'wedodd hynny?

PENTEULU PENLLYN:

Gwelais ef ddoe.

BLODEUWEDD:

Ha, daeth y dydd... Mi fûm yn disgwyl hyn.

PENTEULU PENLLYN:

Tydi'n ei ddisgwyl, Iarlles? Ers pa bryd?

BLODEUWEDD:

O'r funud honno, flwyddyn i'r dwthwn hwn,
Y gwelais i dy wep yn petruso yn y porth
Y dydd yr unwyd Penllyn ac Ardudwy;
'Roedd gwatwar yn dy olygon ac ar dy fin.

PENTEULU PENLLYN:

Ni wneuthum gam â thi erioed, Arglwyddes.

BLODEUWEDD:

Tewaist o gas i mi, a'r tewi'n gelwydd,
Yn cynllwyn cwymp a difethdod fy ngwynfyd brau.
Ni chleddaist ti mo'r Llew.

PENTEULU PENLLYN:
Naddo myfi.

BLODEUWEDD:
Gwydion a'i cipiodd.

PENTEULU PENLLYN:
Sut y gwyddost ti hynny?

BLODEUWEDD:
Mi adwaen law fy newin. Nid oes ond ef
A dynnai o Annwn foch neu enaid gŵr
A rheibio angau. Fe ddaw yma heddiw?

RHAGNELL:
Gwydion a'r Llew ar ei dri chanfed gŵr.

BLODEUWEDD:
Deled a ddêl, mi gefais innau f'awr.

PENTEULU PENLLYN:
Beth yw dy gyngor, Iarlles? Mae'r amser yn fyr.

BLODEUWEDD:
A rodda' i gyngor i un sy'n darpar brad?

PENTEULU PENLLYN:
Af ar fy llw –

BLODEUWEDD:
Iti drefnu eisoes i ffoi.

PENTEULU PENLLYN:
Ni all prin ddeugain gŵr gynnal y gaer.

BLODEUWEDD:

>Cyfrwyau ar y meirch, cyffro tarianau,
>Pob trwst a ffrwst ymadael, a'r iarll yn y coed
>Heb rybudd, a'r dialydd yn ei dir.

PENTEULU PENLLYN:

>Anfonais rai i'w geisio, gosodais wylwyr –

BLODEUWEDD:

>Trefnaist bob dim i ddianc cyn ei ddod.

PENTEULU PENLLYN:

>Rhaid iddo ddianc, a thithau. Ni fyn y milwyr
>Aros y gelyn yma yn Ardudwy;
>Draw ym Mhenllyn bydd gennym hawl a nerth.

BLODEUWEDD:

>Ai'r milwyr piau penderfynu i'w harglwydd?

PENTEULU PENLLYN:

>Ai gwaeth iddo hynny na bod yn gaethwas gwraig?

BLODEUWEDD:

>Hawsed ydoedd chwipio dy frad i'th enau
>A'i fachu ar dy dafod, Benteulu ffals.

PENTEULU PENLLYN:

>Ni thâl edliw â thi a'r gelyn gerllaw –

RHAGNELL:

>Mae Gronw Pebr yma, Arglwyddes, yn awr.

>(*Daw* GRONW)

BLODEUWEDD:

>A glywaist ti, Ronw?

GRONW PEBR:

Do, mi glywais bob dim.

BLODEUWEDD:

Trefnodd dy gapten inni ffoi i Benllyn.

GRONW PEBR:

Pa nifer yw'r gelyn?

PENTEULU PENLLYN:

Tri chant o wŷr ymladd.

GRONW PEBR:

A'n milwyr ninnau?

PENTEULU PENLLYN:

Nid oes yma ddeugain gŵr,
A rhai o'r rheini'n ddeiliaid yn Ardudwy
Na ellir credu iddynt i ddal heb frad.

GRONW PEBR:

Gwnaethost yn gall i gasglu'r gwŷr a'r meirch,
Ni ellir cynnal y gaer.

PENTEULU PENLLYN:

Dyna sgwrs milwr,
Nid bregliach merchetos a'r gad yn y fro.

GRONW PEBR:

A ydyw'r gwŷr yn barod?

PENTEULU PENLLYN:

Y gwŷr a'r meirch,
A march newydd i tithau ac i'th arglwyddes.

GRONW PEBR:

> Pa bryd y cyrraidd y gelyn?

PENTEULU PENLLYN:

> Gosodais wylwyr,
> Cawn wybod pan fyddo'r fyddin yng ngenau'r glyn.

GRONW PEBR:

> Doeth a gafaelus a fuost ti erioed.
> Rhoddaf iti feddiant ar wlad Penllyn
> A'r etifeddiaeth i ti ac i'th blant,
> A rhoddaf yn dy ofal yr iarlles hon
> A'r forwyn Rhagnell; dyro iddynt loches
> Rhag arswyd Gwydion, rhag crafanc y Llew;
> Danfon hefyd genhadon i Gaer Dathal
> At y brenin Math, a chynnig iddo iawn
> Rhag dwyn ohono alanas ar dy fro;
> Tywys dy wlad yn ddoethach na myfi.
> Arhosaf innau yma i ddigoni
> Llew Llaw Gyffes am ei sarhad a'i warth;
> Cewch chwithau felly ddianc yn ddiogel.

PENTEULU PENLLYN:

> Arglwydd, nid rhaid it hynny. Acw ym Mhenllyn
> Mae gennyt wŷr a chaer a hawl i'th gyfoeth.

GRONW PEBR:

> Gwna di fel y dywedais. Safaf innau
> Yma i groesawu'r Llew i'w wâl.

BLODEUWEDD:

> Fy Ngronw, beth yw hyn?

GRONW PEBR:

> Dos, Ragnell, brysia
> I gasglu pethau'r iarlles at y daith.

(*Exit* RHAGNELL)

BLODEUWEDD:

> Ond fe ddoi dithau, Ronw?

GRONW PEBR:

> Na ddof i,
> Bûm wallgo'n hir; nid wyf i wallgo' mwy;
> Ni ddygaf ddial ar fy mhobl ddiniwed
> Na difa tref fy nhad.

BLODEUWEDD:

> Ffown ynteu i Ddyfed,
> Cawn yno groeso gan elynion Math
> A nawdd a diogelwch.

GRONW PEBR:

> Pe gwnawn hynny
> Fe boerai Math ei lid ar lendid Penllyn,
> A minnau ym mreichiau gwraig ar ffo rhag ofn.

PENTEULU PENLLYN:

> Hwyr y daeth iti, Arglwydd, gofio Penllyn,
> Ond tyred yn awr a chei dy wlad o'th blaid.

GRONW PEBR:

> Teg yw dy gerydd, wrda, teg dy gynnig,
> A theg i minnau wrthod. Mae arna'i ddyled
> I Lew Ardudwy, ac fe'i talaf heddiw
> Yma, fy hun, heb ofyn meichiau neb.

PENTEULU PENLLYN:

> Fel milwr y gofynnaf yn awr, fy arglwydd:
> Byr yw'r cyfle i achub hoedl y gwŷr,
> Rhaid dewis ai brwydro yma ai dianc drwy'r coed
> Cyn cau o'r gelyn y cwm; mae'n symud ar feirch.

GRONW PEBR:

> Ni thâl petruso ddim –

BLODEUWEDD:

> Gronw, fy Ngronw –

GRONW PEBR:

> Na chyffwrdd â mi, wraig, fe ddaeth ein hawr
> I ganu'n iach; mae gennyt daith o'th flaen.

BLODEUWEDD:

> Ni theithia' i oddi yma hebot ti
> Na'th adael di dy hun yn nwylo Gwydion.

GRONW PEBR:

> Mae dy ŵr yn fyw. Bydd yma. Ni elli aros.

BLODEUWEDD:

> 'Alla' i ddim mynd fy hun at ddynion dieithr,
> Fe'm lladdant i hebot ti.

GRONW PEBR:

> Benteulu dewr,
> Rhoddais i ti f'arglwyddiaeth. Dyro dithau
> Dy air ar lw y caiff y wreigdda hon
> Ei rhan heb warth ym Mhenllyn dan dy nawdd.

> *(Sain utgorn allan. Rhuthra* MILWR *i mewn.)*

MILWR:

Wyrda, mae cynwan y gelyn yng ngenau'r glyn.

PENTEULU PENLLYN:

Pawb ar farch! Tyred yn awr, fy iarll.

GRONW PEBR:

Brysia, Flodeuwedd. B'le mae'r forwyn Rhagnell?

MILWR:

Aeth Rhagnell allan o'r gaer gynnau fach.

GRONW PEBR:

Allan? I b'le?

MILWR:

'Wn i ddim; tua'r afon.

PENTEULU PENLLYN:

Nid dyma'r adeg i neb chwilio am fedd.

GRONW PEBR:

Ni elli aros amdani.

BLODEUWEDD:

Rhaid imi aros,
Nac erfyn arnaf i ymado â thi;
Fe'n hunwyd ni â gwaed, ni fedrwn ysgar;
Mi sefais gyda thi wrth gafn y geifr,
Gwelais dy wayw ar annel, gwelais ladd;
Mi safaf i'w weld eto.

GRONW PEBR:

    A pham lai?
    Daethost ataf ar draws ei gelain ef,
    Fe'th gymer ef di'n ôl fel Helen gynt
    Ar draws fy nghelain innau. Dos, Benteulu,
    Cymer dy wŷr a ffo. Cei weled heno
    Donnau bychain Meloch a Thryweryn
    A'r mwg yn codi o Lanfor, a minnau'n hogyn...
    Yn iach iti, nac oeda.

PENTEULU PENLLYN:

    Gadawaf iti ddau farch yn y buarth.

                               (Â'r PENTEULU *a'r* MILWR *allan.*
                      Sŵn meirch yn symud o'r buarth. Yna llonydd.)

BLODEUWEDD:

    Fe aethant, Ronw.

GRONW PEBR:

    A throi dy gaer yn garchar.

BLODEUWEDD:

    'Does yma neb yn aros ond ni'n dau.

GRONW PEBR:

    Nid hir y pery. Cawn gwmni cyn bo hir.

BLODEUWEDD:

    O na ddôi Rhagnell yn ôl!

GRONW PEBR:

    'Synnwn i fawr
    Na ddaw hi gyda Gwydion.

BLODEUWEDD:

> Mae arna' i ofn;
> Ni bu dichell ynddi hi erioed,
> Hi oedd ein llatai ni, 'wyt ti'n cofio?

GRONW PEBR:

> Cofio? 'Rwy'n cofio gormod. Nid oes boen
> Fel poen y methu anghofio yn hunllef byw.

BLODEUWEDD:

> Pa raid inni aros yma? Pa raid, Ronw?

GRONW PEBR:

> Nid rhaid i ti. Mae rhaid yn fy nhynged i.

BLODEUWEDD:

> 'Does gen' ti mo'th arfau chwaith. A gyrchaf i gledd
> A tharian iti? Oni fynni di ymladd?

GRONW PEBR:

> Nid fy nhro i yw hi i daro'n awr.

BLODEUWEDD:

> 'Ei di ar dy liniau felly ger ei fron?
> 'All ef ddim maddau. Adwaen i fy Llew.

GRONW PEBR:

> Mi fedra' i hepgor ei faddeuant ef
> Ond profi blas ei waywffon.

BLODEUWEDD:

> Fe fynni dy ladd?

GRONW PEBR:

Mor hir y buost ti yn gweld fy meddwl.

BLODEUWEDD:

Pa beth a geisi di wrth geisio d'angau?

GRONW PEBR:

Awr eto o ryddid.

BLODEUWEDD:

'Fedra' i mo'th ddeall;
Mae meirch yn aros eto wrth y porth
A rhyddid yn y warthol. Pam nad awn?

GRONW PEBR:

Yma mae rhyddid, yma gyda thi.

BLODEUWEDD:

Fel gwin i'm calon yw dy "gyda thi";
Ofnais gynnau, Ronw; gwelaf yn awr –
Marw ym mreichiau'n gilydd yw dy ryddid
A chloi neithior o fyw â her i'r drefn.

GRONW PEBR:

Nid yn dy freichiau di y mae fy rhyddid,
Ond edrych arnat ti a'm tranc wrth law
A hoffi dy chwaer angau yn fwy na thi.

BLODEUWEDD:

Fy mwrw i heibio, ai e? Rhoi arnaf i
Dy hudo'n llofrudd? Erfyn ar y Llew
Mai o ystryw gwraig y gwnaethost ti a wnaethost?
Ai felly y cei di ryddid, fy Ngronw pefr?

GRONW PEBR:

'Raid iti ddim dychryn. Nid dy angau di
A roddai i mi einioes. Byr funudau
Sydd imi mwyach, wraig, a daw dy ŵr,
A daw i minnau farw. Dewisaf hynny,
A'r dewis hwnnw yw fy rhyddid oll.

BLODEUWEDD:

Dy ryddid yn awr yw dianc rhagof i?

GRONW PEBR:

'Fedra' i ddim dianc rhagot ond trwy farw,
Mae gwenwyn dy gusanau yn fy ngwaed.
I beth y bydda' i byw? I brofi am oes
A brofais eisoes, y syrffed sy yn y cnawd
A'r gwae a'r gwarth o ganwaith ofer syrffedu?
Bedd heb yfory yw dy serch; ni chwardd
Baban ar dy fynwes; nid oes grud yn dy gaer;
Ond yn y nos bu sŵn adyn o'i go'
Yn udo ar fronnau cryfion yn y tywyll,
Brathu budreddi a chrechwen gwdihŵ.
Collais i lwybrau dynol i ddilyn ffagl
A phibau hud y gors, a suddais ynddi,
Cofleidio seren, ystlum ar fy min;
Heddiw daeth bollt i'm taro a deffrois;
Mi welaf Benllyn, gwelaf fy mebyd yno,
A'm gweld i'n awr, och ffiaidd, a'th dremio dithau –
Gwell gennyf i na'th gusan gleddyf dy ŵr.

> *(Rhuthra dau* FILWR *i mewn a dal* GRONW;
> *gyda hwy* LLEW LLAW GYFFES *a* GWYDION;
> *yna dau* FILWR *arall yn dwyn elor a llen drosti*)

MILWYR:

> Dyma nhw'r ddau...
> Ato'n awr... daliwyd ef...

> > (*Rhwymant ddwylo* GRONW *wrth ei gefn*)

GWYDION:

> Cerdded drwy borth agored megis i wledd
> A'r pâr ifanc yn aros i'n croesawu.

LLEW LLAW GYFFES:

> B'le mae dy filwyr, fradwr?

GRONW PEBR:

> Ar wasgar oll.
> Myfi'n unig a'th drawodd di. Ni raid
> Chwilio am eraill na dial ond arnaf i.

LLEW LLAW GYFFES:

> Ai cynllwyn yw hyn?... Chwiliwch y gaer bob cwr.

> > (*Dau* FILWR *yn mynd*)

GWYDION:

> A dyma'r etifedd pefr, mab Gronw Hir,
> Heb deulu'n awr, yn rhwym, heb wayw'n ei law.

GRONW PEBR:

> Arglwydd, nid rhaid i'th wŷr fy rhwymo i;
> Arhosais i'th ewyllys; safaf i'th ddial
> Mor rhydd ag y sefaist tithau ar gafn y geifr.

GWYDION:

> Gwir hynny, fy nai. Adwaenwn i ei dad
> A'r gaer ar fin y llyn. Datodwch ei rwymau,
> Rhaid parchu gwrda a roir i gosb marwolaeth.

> > (*Y* MILWYR *yn datod y rhwymau*)

LLEW LLAW GYFFES:

> Cortyn o lin sydd ar ei freichiau ef;
> Fe'm rhwymodd i â rhaff anwiredd gwraig.

GRONW PEBR:

> Pa beth a fynni, Arglwydd?

LLEW LLAW GYFFES:

> Dy einioes di.

GRONW PEBR:

> Mae gennyt hawl ar hynny. Fe'i cei yn llawen.

LLEW LLAW GYFFES:

> Buost flwyddyn gron yn darpar f'angau i,
> Blwyddyn lawn meddiennaist ti fy ngwely,
> Fy nghaer, f'arglwyddiaeth, a'r hanner ellyll acw
> Fu ar enw gwraig i mi. Nid chwaith am hynny
> Y mynnaf i dy waed, ond am iti wrando
> A chwerthin ar gyfrinach ddyfnaf f'enaid,
> Ysbleddach ar loes llanc, a throi'n sbort
> Gyffes gŵr yn addoli ffrwyth ei gariad.
> Torrodd dy frad rhyngot a theulu dynion
> Y weithred honno, rhoist dy ieuenctid i'r moch;
> Mae marc y fforest arnat; ni elli fyw.

GRONW PEBR:

> Fy mrawd, pa fodd y mynni di fy lladd?

LLEW LLAW GYFFES:

> F'ewythr Gwydion, sut y gwnaf i ag ef?

GWYDION:

> Heddiw brynhawn fe awn ynghyd, ni'n tri,
> At afon Gynfael ac at gafn y geifr;
> Caiff yntau sefyll lle y sefaist ti
> Ar flaen y cafn, a thithau lle y bu ef,
> A'i fwrw ef yn ei gefn fel y bwriodd yntau.
> Ac ni bydd yno chwerthin na meddyg chwaith.

GRONW PEBR:

> Na dagrau, ond croeso i gerydd. Dof yn ôl
> I deulu dynion drwy'r un porth cyffredin
> Sy'n casglu pawb i'w gysgod. Diolch, Iarll.

LLEW LLAW GYFFES:

> Cymerwch ef a'i gadw tan brynhawn.
>> (*Exeunt* GRONW *a'r* MILWYR. *Distawrwydd.*)

BLODEUWEDD:

> Fy ewythr ddewin, teithiaist ymhell heddiw,
> A gaf i wneuthur cinio i chwi eich dau?

GWYDION:

> Profodd dy briod eisoes o'th wenwyn di.

BLODEUWEDD:

> Nid rhaid iti ofni. Daw Rhagnell yn ôl toc,
> Caiff hi baratoi'r bwyd a minnau weini.

GWYDION:

> Daeth Rhagnell yn ôl eisoes. Wele hi acw.
>> (BLODEUWEDD *yn codi'r llen oddi ar yr elor*)

BLODEUWEDD:

Dy waith di yw hyn? Tydi a'i boddodd?

GWYDION:

Cawsom ei chorff yn yr afon wrth gafn y geifr.

BLODEUWEDD:

Bu hon yn chwaer i mi, yr unig un
Na cheisiodd elwa arnaf, ond estyn llaw
A maddau, a mynd i'w bedd heb edliw bai;
A fynni di fy moddi innau'n awr?

GWYDION:

Dywedais wrthyt nad nyni a'i boddodd.

BLODEUWEDD:

Tawel fu hi erioed, a marw'n ddi-sŵn.

GWYDION:

Fel morwyn ddoeth, rhagflaenodd hithau'i chosb.

BLODEUWEDD:

Pa beth a wneuthum i i haeddu cosb?

GWYDION:

Gwenwyn, brad, galanas, hudo gŵr i'w angau,
Rhyw fanion felly nad ydynt wrth fodd pawb.

BLODEUWEDD:

Ai mi yw'r wraig anffyddlon gynta' erioed?

GWYDION:

Ni dd'wedaf hynny. Mae sawl math ohonoch.

BLODEUWEDD:

> Yr wyt ti'n ddewin, Gwydion, yn ddwfn dy ddysg,
> Yn rymus a rhyfygus i rwymo natur
> A chwarae â'r pwerau sy yn y creigiau.
> I beth? I borthi chwant. 'Roedd gennyt nai;
> Fe hoffaist ef yn fwy na'th blant dy hun –
> Hawdd deall hynny – cymeraist ef yn aer
> A synio sut i'w godi i orsedd Math
> Yn frenin Gwynedd rywdro a thad brenhinoedd.
> Eithr ar ei einioes ef yr oedd amodau,
> Hualau tynged i'w osod ar wahân;
> Y mae gwŷr felly, dynion a ddidolwyd
> A'u torri oddi wrth y cenedlaethau. Ond ti,
> Y gwyddon-ddewin, meistr cyfrinion y cread,
> Nid hawdd gennyt ti fod dy aer dan faich o warth;
> Mynnaist blygu'r elfennau i foddio dy falchder,
> Herio tynged, rhoi hud ar donnau'r môr,
> Rheibio ysbryd y fforest yn wraig o gnawd.
> Felly fe'm clymwyd innau i weini'n gaethferch
> I roddi plant i'th nai, i sefydlu ei linach
> A'i suo'r nos i anghofio anffawd ei ach.
> Ateb fi, Wydion, onid dyna'r cynllun?

GWYDION:

> Ai trais yw disgwyl i wraig roi mab i'w gŵr?

BLODEUWEDD:

> Diolch iti, ddewin. 'Roedd tynged ar fab Arianrhod
> Na châi ef wraig fyth o blith merched dynion
> Na magu mab. 'Ildiai ef ddim i'w dynged,
> Nac ef na thithau; daliwyd fi yn arf,

Yn declyn yn eich dwylo i dwyllo ffawd.
Ai mi a fu'n annaturiol? Ai cam i mi
Wneuthur yn ôl fy anian? Ymbiliais arno,
Y llanc nas gwnaed i'w garu, i edrych arnaf
A'm hoffi unwaith er fy mwyn fy hun;
Ond mynnodd yntau ganu i'w etifedd
A dweud ei stori ola' wrth aer ei obaith;
Ni ddôi ef o yfory ei freuddwydion
I mewn i heddiw gwag fy nghalon i.

LLEW LLAW GYFFES:

Gwydion, mae hyn yn wir. Cafodd hon gam.
Nid yw hi'n haeddu marw fel y llall.

GWYDION:

Ai ti sy'n dweud hynny? 'Tawn i byth o'r fan!

BLODEUWEDD:

Dewisodd Gronw farw. Bu Rhagnell farw.
Pa les i mi yw estyn einioes mwy?

LLEW LLAW GYFFES:

Mi ddeuthum yma'n chwerw i ddial arnat;
Gwelaf yn awr mai truenus fuost ti erioed.

BLODEUWEDD:

Fe heriaist ti dy dynged, heriais innau;
Gwingo yn erbyn rhaid y buom ein dau.

LLEW LLAW GYFFES:

Mae rhaid ym mhob priodas ymhlith dynion.

BLODEUWEDD:

Mae rhaid a rhaib yn natur fy serch i.

LLEW LLAW GYFFES:

Am hynny yr wyf innau'n maddau iti,
Ni all enaid rhesymol garu fel ti.

BLODEUWEDD:

Fe fedrodd un. Rhoddais ef iti'n aer.

LLEW LLAW GYFFES:

Dewisodd yntau angau i ddianc rhagot.

BLODEUWEDD:

Ac o genfigen mynni dithau ei ladd
Am iddo fedru caru ac ennyn cariad.
Pa beth a wnei di hebof, druan ŵr,
Na chei di wraig fyth o blith merched dynion?

LLEW LLAW GYFFES:

Derbyn fy nhynged, gwneud fy nyth mewn siom.

BLODEUWEDD:

Clywaf chwerthin dy fam a'i gorfoleddu.

LLEW LLAW GYFFES:

Ni chlywi di ei beichio crio'r nos.

BLODEUWEDD:

Oer fydd dy aelwyd, oer dy wely fyth.

LLEW LLAW GYFFES:

Alltud yw pobun; aelwyd oer yw'r byd;
Byddaf yn un â dynion yn eu chwerwder.

BLODEUWEDD:

Dy dynged di yw bod heb wybod serch.

LLEW LLAW GYFFES:

Y serch a fedrwn i, fe'i rhoddais iti.

BLODEUWEDD:

Rhyw weddill prin o'th hunandosturi hael.

LLEW LLAW GYFFES:

Rhoddais fy mywyd i'th law. Bradychaist ef.

BLODEUWEDD:

Er mwyn i minnau gael bywyd. Cymer dy ddial.

LLEW LLAW GYFFES:

'Alla' i ddim dial. Cei fynd yn rhydd gennyf i.

BLODEUWEDD:

Mor raslon yw fy arglwydd. Caf fynd yn rhydd
At fy nhylwyth, at fy ngheraint, at fy nghariad.
I b'le'r ei dithau yn awr? Ai at dy fam?

LLEW LLAW GYFFES:

Mi af at gerwyn y geifr heddiw brynhawn,
Myfi a Gwydion a Gronw Pebr o Benllyn;
A ddoi di yno i chwerthin megis cynt?

BLODEUWEDD:

Yn llawen, enaid. 'Wyddwn i ddim dy fod di mor 'smala;
Mi af i'r coed tan hynny. Yn iach i ti.
Dydd da i tithau, f'ewythr.

GWYDION:

>Ie, fy nith,
>Ond gwrando cyn iti fynd. Mae yn y coed
>Aderyn sydd yn ddychryn fel tydi
>Ac fel tydi yn hoffi'r nos, a'i chwiban
>Yn rhybudd angau fel dy chwerthin dithau,
>A rhyngddo ef a'r adar mae gelyniaeth;
>Anhapus fu dy seibiant gyda dynion;
>Dos i'r tywyllwch at y tylluanod,
>I foesau'r lloer a'r ceubren. Y funud hon,
>Wrth groesi'r trothwy a swatio rhag yr haul
>Fe droir dy grechwen yn sgrech gwdihŵ,
>A byth liw dydd ni feiddi ddangos d'wyneb.

BLODEUWEDD:

>Hedaf i Gaer Arianrhod. Caf gan dy chwaer
>Groeso anghyffredin i ferch yng nghyfraith.

>*(Â allan dan chwerthin o hyd.*
>*Yna paid y chwerthin a chlywir sgrech hir tylluan.)*

LLEN